Michael Scharf
Publication Trust
Yeshiva University Press
RIETS

סדר הזכרת נשמות • מהדורת קורן

THE KOREN YIZKOR

אל
מלא
רחמים
שוכן
במרומים

WITH PREFACE AND TRANSLATION BY

Rabbi Lord Jonathan Sacks

AND PSALMS TRANSLATED BY

Rabbi Eli Cashdan

•

KOREN PUBLISHERS JERUSALEM

The Koren Yizkor
First Hebrew/English Edition, 2015

Koren Publishers Jerusalem Ltd.
POB 4044, Jerusalem 9104001, ISRAEL
POB 8531, New Milford, CT 06776, USA

www.korenpub.com

*The Michael Scharf Publication Trust
of Yeshiva University Press*

The English translation of the prayers in this edition is based on the English translation first published in Great Britain in 2006 in the Authorised Daily Prayer Book of the United Hebrew Congregations of the Commonwealth: New Translation and Commentary by Chief Rabbi Jonathan Sacks, (Fourth Edition, Compilation © United Synagogue) by Collins, a division of HarperCollins Publishers, London.

Printed in the United States of America

Personal Size, Hardcover, ISBN 978 965 301 830 3

YZA01

CONTENTS

Note to Reader

For the accompanying essays, please turn to the other end of this volume.

PREFACE

One of the most important halakhic responses to tragedy is the act of remembering, Yizkor. More than it has history, the Jewish people has memory. Yet in the biblical Hebrew of Tanakh there is no word for history, and modern Hebrew had to borrow one, *historia*. Instead Tanakh uses the root *zakhor*, meaning "memory," which occurs no fewer than 169 times in the Hebrew Bible.

There is a fundamental difference between history and memory. History is "his story," an account of events that happened sometime else to someone else. Memory is "my story." It is the past internalized and made part of my identity. That is what the Mishna in *Pesaḥim* (116b) means when it says, "Each person must see himself as if he (or she) went out of Egypt." History is the story of a past that is dead. Memory is the story of a future.

There is the specific Jewish way of remembering. Most cultures' memories are about the past, but whenever the word *yizkor* is mentioned in the Torah, it refers not to the past, but to the present and to renewal. "*VaYizkor Elokim et Noah* – God remembered Noah" (Gen. 8:1). "*VaYizkor Elokim et Avraham* – God remembered Abraham" (Gen. 19:29). "*VaYizkor Elokim et Raḥel* – God remembered Rachel" (Gen. 30:22). "*VaYizkor Elokim et berito* – God remembered His Covenant" (Ex. 2:24). In each case it was about the future, not about the past. God remembered Noah and brought him out to dry land. God remembered Abraham and saved his nephew Lot. God remembered Rachel and gave her a child. God remembered His Covenant and began the process of rescuing the Israelites from Egypt. In Judaism, memory itself is future oriented.

This is neither accidental nor marginal. Judaism gave two majestic ideas their greatest religious expression: *memory* and *hope*. Memory is our living connection to those who came before us. Hope is what we hand on to the generations yet to come. Those we remember live on in us: in words, gestures, a smile here, an act of kindness there, that we would not have done had that person not left their mark on our lives. That is what Yizkor is: memory as a religious act of thanksgiving for a life that was, and that still sends its echoes and reverberations into the life that is. For when Jews remember, they do so for the future, the place where, if we are faithful to it, the past never dies.

Rabbi Jonathan Sacks

YIZKOR

The Yizkor service is said on the last day of Pesaḥ, the second day of Shavuot (first day in Israel), Yom Kippur and Shemini Atzeret. In some communities, those who have not been bereaved of a parent or close relative do not participate in the service, but leave the synagogue and return at the end of Yizkor.

יהוה Lord, what is man that You care for him, a mortal that You notice him? *Ps. 144*
Man is like a fleeting breath, his days like a passing shadow.
In the morning he flourishes and grows; *Ps. 90*
in the evening he withers and dries up.
Teach us to number our days, that we may get a heart of wisdom.
Mark the blameless, note the upright, for the end of such a person is peace. *Ps. 37*
God will redeem my soul from the grave, for He will receive me, Selah. *Ps. 49*
My flesh and my heart may fail, *Ps. 73*
but God is the strength of my heart and my portion for ever.
The dust returns to the earth as it was, *Eccl. 12*
but the spirit returns to God who gave it.

יֹשֵׁב He who lives in the shelter of the Most High dwells in the shadow of the *Ps. 91* Almighty. I say of the Lord, my Refuge and Stronghold, my God in whom I trust, that He will save you from the fowler's snare and the deadly pestilence. With His pinions He will cover you, and beneath His wings you will find shelter; His faithfulness is an encircling shield. You need not fear terror by night, nor the arrow that flies by day; not the pestilence that stalks in darkness, nor the plague that ravages at noon. A thousand may fall at your side, ten thousand at your right hand, but it will not come near you. You will only look with your eyes and see the punishment of the wicked. Because you said, "the Lord is my Refuge," taking the Most High as your shelter, no harm will befall you, no plague will come near your tent, for He will command His angels about you, to guard you in all your ways. They will lift you in their hands, lest your foot stumble on a stone. You will tread on lions and vipers; you will trample on young lions and snakes. [God says:] "Because he loves Me, I will rescue him; I will protect him, because he acknowledges My name. When he calls on Me, I will answer him; I will be with him in distress, I will deliver him and bring him honor.
With long life I will satisfy him and show him My salvation.
With long life I will satisfy him and show him My salvation.

סדר הזכרת נשמות

The יזכור *service is said on the last day of* פסח*, the second day of* שבועות *(first day in* ארץ ישראל*),* שמיני עצרת *and* יום כיפור*. In some communities, those who have not been bereaved of a parent or close relative do not participate in the service, but leave the* בית כנסת *and return at the end of* סדר הזכרת נשמות*.*

יהוה מָה־אָדָם וַתֵּדָעֵהוּ, בֶּן־אֱנוֹשׁ וַתְּחַשְּׁבֵהוּ: תהלים קמד
אָדָם לַהֶבֶל דָּמָה, יָמָיו כְּצֵל עוֹבֵר:
בַּבֹּקֶר יָצִיץ וְחָלָף, לָעֶרֶב יְמוֹלֵל וְיָבֵשׁ: תהלים צ
לִמְנוֹת יָמֵינוּ כֵּן הוֹדַע, וְנָבִא לְבַב חָכְמָה:
שְׁמָר־תָּם וּרְאֵה יָשָׁר, כִּי־אַחֲרִית לְאִישׁ שָׁלוֹם: תהלים לז
אַךְ־אֱלֹהִים יִפְדֶּה נַפְשִׁי מִיַּד שְׁאוֹל, כִּי יִקָּחֵנִי סֶלָה: תהלים מט
כָּלָה שְׁאֵרִי וּלְבָבִי, צוּר־לְבָבִי וְחֶלְקִי אֱלֹהִים לְעוֹלָם: תהלים עג
וְיָשֹׁב הֶעָפָר עַל־הָאָרֶץ כְּשֶׁהָיָה קהלת יב
וְהָרוּחַ תָּשׁוּב אֶל־הָאֱלֹהִים אֲשֶׁר נְתָנָהּ:

יֹשֵׁב בְּסֵתֶר עֶלְיוֹן, בְּצֵל שַׁדַּי יִתְלוֹנָן: אֹמַר לַיהוה מַחְסִי וּמְצוּדָתִי, תהלים צא
אֱלֹהַי אֶבְטַח־בּוֹ: כִּי הוּא יַצִּילְךָ מִפַּח יָקוּשׁ, מִדֶּבֶר הַוּוֹת: בְּאֶבְרָתוֹ
יָסֶךְ לָךְ, וְתַחַת־כְּנָפָיו תֶּחְסֶה, צִנָּה וְסֹחֵרָה אֲמִתּוֹ: לֹא־תִירָא מִפַּחַד
לָיְלָה, מֵחֵץ יָעוּף יוֹמָם: מִדֶּבֶר בָּאֹפֶל יַהֲלֹךְ, מִקֶּטֶב יָשׁוּד צָהֳרָיִם:
יִפֹּל מִצִּדְּךָ אֶלֶף, וּרְבָבָה מִימִינֶךָ, אֵלֶיךָ לֹא יִגָּשׁ: רַק בְּעֵינֶיךָ תַבִּיט,
וְשִׁלֻּמַת רְשָׁעִים תִּרְאֶה: כִּי־אַתָּה יהוה מַחְסִי, עֶלְיוֹן שַׂמְתָּ מְעוֹנֶךָ:
לֹא־תְאֻנֶּה אֵלֶיךָ רָעָה, וְנֶגַע לֹא־יִקְרַב בְּאָהֳלֶךָ: כִּי מַלְאָכָיו יְצַוֶּה־לָּךְ,
לִשְׁמָרְךָ בְּכָל־דְּרָכֶיךָ: עַל־כַּפַּיִם יִשָּׂאוּנְךָ, פֶּן־תִּגֹּף בָּאֶבֶן רַגְלֶךָ: עַל־
שַׁחַל וָפֶתֶן תִּדְרֹךְ, תִּרְמֹס כְּפִיר וְתַנִּין: כִּי בִי חָשַׁק וַאֲפַלְּטֵהוּ, אֲשַׂגְּבֵהוּ
כִּי־יָדַע שְׁמִי: יִקְרָאֵנִי וְאֶעֱנֵהוּ, עִמּוֹ־אָנֹכִי בְצָרָה, אֲחַלְּצֵהוּ וַאֲכַבְּדֵהוּ:
אֹרֶךְ יָמִים אַשְׂבִּיעֵהוּ, וְאַרְאֵהוּ בִּישׁוּעָתִי:
אֹרֶךְ יָמִים אַשְׂבִּיעֵהוּ, וְאַרְאֵהוּ בִּישׁוּעָתִי:

For one's father:

יִזְכֹּר May God remember the soul of my father, my teacher (*name* son of *father's name*) who has gone to his eternal home, and to this I pledge (without formal vow) to give charity on his behalf, that his soul may be bound in the bond of everlasting life together with the souls of Abraham, Isaac and Jacob, Sarah, Rebecca, Rachel and Leah, and all the other righteous men and women in the Garden of Eden, and let us say: Amen.

For one's mother:

יִזְכֹּר May God remember the soul of my mother, my teacher (*name* daughter of *father's name*) who has gone to her eternal home, and to this I pledge (without formal vow) to give charity on her behalf, that her soul may be bound in the bond of everlasting life together with the souls of Abraham, Isaac and Jacob, Sarah, Rebecca, Rachel and Leah, and all the other righteous men and women in the Garden of Eden, and let us say: Amen.

PRAYER FOR LIVING RELATIVES

אָבִינוּ שֶׁבַּשָּׁמַיִם Our Father in heaven: On this holy day, I give You thanks for my [father / mother / husband / wife / brother(s) / sister(s) / son(s) / daughter(s) / grandchild(ren)] who are with me in life, and for whose continued health and blessing I pray. Be with them, I pray You, in the days and months to come. Protect them from harm and distress, sickness and affliction, trouble and misfortune. Spread over them Your canopy of peace and may Your spirit live in the work of their hands. Prolong their days in goodness and happiness and may they and we have the privilege of seeing children and grandchildren occupying themselves with Torah and the life of the commandments. May the words of my mouth and the meditation of my heart find favor before You, my Rock and Redeemer.

For one's father:

יִזְכֹּר אֱלֹהִים נִשְׁמַת אָבִי מוֹרִי (פלוני בֶּן פלוני) שֶׁהָלַךְ לְעוֹלָמוֹ, בַּעֲבוּר שֶׁבְּלִי נֶדֶר אֶתֵּן צְדָקָה בַּעֲדוֹ. בִּשְׂכַר זֶה תְּהֵא נַפְשׁוֹ צְרוּרָה בִּצְרוֹר הַחַיִּים עִם נִשְׁמוֹת אַבְרָהָם יִצְחָק וְיַעֲקֹב, שָׂרָה רִבְקָה רָחֵל וְלֵאָה, וְעִם שְׁאָר צַדִּיקִים וְצִדְקָנִיּוֹת שֶׁבְּגַן עֵדֶן, וְנֹאמַר אָמֵן.

For one's mother:

יִזְכֹּר אֱלֹהִים נִשְׁמַת אִמִּי מוֹרָתִי (פלונית בַּת פלוני) שֶׁהָלְכָה לְעוֹלָמָהּ, בַּעֲבוּר שֶׁבְּלִי נֶדֶר אֶתֵּן צְדָקָה בַּעֲדָהּ. בִּשְׂכַר זֶה תְּהֵא נַפְשָׁהּ צְרוּרָה בִּצְרוֹר הַחַיִּים עִם נִשְׁמוֹת אַבְרָהָם יִצְחָק וְיַעֲקֹב, שָׂרָה רִבְקָה רָחֵל וְלֵאָה, וְעִם שְׁאָר צַדִּיקִים וְצִדְקָנִיּוֹת שֶׁבְּגַן עֵדֶן, וְנֹאמַר אָמֵן.

תפילה לשלום המשפחה

אָבִינוּ שֶׁבַּשָּׁמַיִם, מוֹדֶה / מוֹדָה אֲנִי לְפָנֶיךָ בְּיוֹם קָדוֹשׁ זֶה עַל [אָבִי / אִמִּי / אִשְׁתִּי / בַּעֲלִי / אָחִי / אַחַי / אֲחוֹתִי / אַחְיוֹתַי / בְּנִי / בָּנַי / בִּתִּי / בְּנוֹתַי / נֶכְדִּי / נְכָדַי] אֲשֶׁר עִמָּנוּ חַיִּים הַיּוֹם, וּלְהַתְמָדַת בְּרִיאוּתָם אֲנִי מִתְפַּלֵּל / מִתְפַּלֶּלֶת. אָנָּא בָּרְכֵם, וֶהֱיֵה עִמָּם בַּיָּמִים וּבֶחֳדָשִׁים הַבָּאִים עָלֵינוּ לְטוֹבָה, הָגֵן עֲלֵיהֶם וְהַצִּילֵם מִכָּל צָרָה וְצוּקָה וּמִכָּל נֶגַע וּמַחֲלָה, וּפְרֹשׂ עֲלֵיהֶם סֻכַּת שְׁלוֹמֶךָ וְהַשְׁרֵה שְׁכִינָתְךָ בְּמַעֲשֵׂי יְדֵיהֶם. יַאֲרִכוּ יְמֵיהֶם בַּטּוֹב וּשְׁנוֹתֵיהֶם בַּנְּעִימִים, וְיִזְכּוּ לִרְאוֹת בָּנִים וּבְנֵי בָנִים עוֹסְקִים בַּתּוֹרָה וּבַמִּצְוֹת. יִהְיוּ לְרָצוֹן אִמְרֵי פִי וְהֶגְיוֹן לִבִּי לְפָנֶיךָ, יהוה צוּרִי וְגֹאֲלִי:

For a male close relative:

אֵל מָלֵא רַחֲמִים God, full of mercy, who dwells on high, grant fitting rest on the wings of the Divine Presence, in the heights of the holy and the pure who shine like the radiance of heaven, to the soul of (*name* son of *father's name*) who has gone to his eternal home, and to this I pledge (without formal vow) to give charity in his memory, may his resting place be in the Garden of Eden. Therefore, Master of compassion, shelter him in the shadow of Your wings forever and bind his soul in the bond of everlasting life. The LORD is his heritage; may he rest in peace, and let us say: Amen.

For a female close relative:

אֵל מָלֵא רַחֲמִים God, full of mercy, who dwells on high, grant fitting rest on the wings of the Divine Presence, in the heights of the holy and the pure who shine like the radiance of heaven, to the soul of (*name* daughter of *father's name*) who has gone to her eternal home, and to this I pledge (without formal vow) to give charity in her memory, may her resting place be in the Garden of Eden. Therefore, Master of compassion, shelter her in the shadow of Your wings forever and bind her soul in the bond of everlasting life. The LORD is her heritage; may she rest in peace, and let us say: Amen.

For a male close relative:

אֵל מָלֵא רַחֲמִים, שׁוֹכֵן בַּמְּרוֹמִים, הַמְצֵא מְנוּחָה נְכוֹנָה עַל כַּנְפֵי הַשְּׁכִינָה, בְּמַעֲלוֹת קְדוֹשִׁים וּטְהוֹרִים, כְּזֹהַר הָרָקִיעַ מַזְהִירִים, לְנִשְׁמַת (פלוני בֶּן פלוני) שֶׁהָלַךְ לְעוֹלָמוֹ, בַּעֲבוּר שֶׁבְּלִי נֶדֶר אֶתֵּן צְדָקָה בְּעַד הַזְכָּרַת נִשְׁמָתוֹ, בְּגַן עֵדֶן תְּהֵא מְנוּחָתוֹ. לָכֵן, בַּעַל הָרַחֲמִים יַסְתִּירֵהוּ בְּסֵתֶר כְּנָפָיו לְעוֹלָמִים, וְיִצְרֹר בִּצְרוֹר הַחַיִּים אֶת נִשְׁמָתוֹ, יהוה הוּא נַחֲלָתוֹ, וְיָנוּחַ בְּשָׁלוֹם עַל מִשְׁכָּבוֹ, וְנֹאמַר אָמֵן.

For a female close relative:

אֵל מָלֵא רַחֲמִים, שׁוֹכֵן בַּמְּרוֹמִים, הַמְצֵא מְנוּחָה נְכוֹנָה עַל כַּנְפֵי הַשְּׁכִינָה, בְּמַעֲלוֹת קְדוֹשִׁים וּטְהוֹרִים, כְּזֹהַר הָרָקִיעַ מַזְהִירִים, לְנִשְׁמַת (פלונית בַּת פלוני) שֶׁהָלְכָה לְעוֹלָמָהּ, בַּעֲבוּר שֶׁבְּלִי נֶדֶר אֶתֵּן צְדָקָה בְּעַד הַזְכָּרַת נִשְׁמָתָהּ, בְּגַן עֵדֶן תְּהֵא מְנוּחָתָהּ. לָכֵן, בַּעַל הָרַחֲמִים יַסְתִּירֶהָ בְּסֵתֶר כְּנָפָיו לְעוֹלָמִים, וְיִצְרֹר בִּצְרוֹר הַחַיִּים אֶת נִשְׁמָתָהּ, יהוה הוּא נַחֲלָתָהּ, וְתָנוּחַ בְּשָׁלוֹם עַל מִשְׁכָּבָהּ, וְנֹאמַר אָמֵן.

For martyrs:

יִזְכֹּר May God remember the soul of (*name*, son/daughter of *father's name*), and the souls of all my relatives, on my father's or mother's side, who were killed, murdered, slaughtered, burned, drowned or strangled for the sanctification of God's name, and to this I pledge (without formal vow) to give charity in their memory. May their souls be bound in the bond of everlasting life together with the souls of Abraham, Isaac and Jacob, Sarah, Rebecca, Rachel and Leah, and all the other righteous men and women in the Garden of Eden, and let us say: Amen.

For the Holocaust victims:

אֵל מָלֵא רַחֲמִים God, full of mercy, Justice of widows and Father of orphans, please do not be silent and hold Your peace for the blood of Israel that was shed like water. Grant fitting rest on the wings of the Divine Presence, in the heights of the holy and the pure who shine and radiate light like the radiance of heaven, to the souls of the millions of Jews, men, women and children, who were murdered, slaughtered, burned, strangled, and buried alive, in the lands touched by the German enemy and its followers. They were all holy and pure; among them were great scholars and righteous individuals, cedars of Lebanon and noble masters of Torah, may the Garden of Eden be their resting place. Therefore, Master of compassion, shelter them in the shadow of Your wings forever, and bind their souls in the bond of everlasting life. The Lord is their heritage; may they rest in peace, and let us say: Amen.

For martyrs:

יִזְכֹּר אֱלֹהִים נִשְׁמַת (*male* פלוני בֶּן פלוני / *female* פלונית בַּת פלוני) וְנִשְׁמוֹת כָּל קְרוֹבַי וּקְרוֹבוֹתַי, הֵן מִצַּד אָבִי הֵן מִצַּד אִמִּי, שֶׁהוּמְתוּ וְשֶׁנֶּהֶרְגוּ וְשֶׁנִּשְׁחֲטוּ וְשֶׁנִּשְׂרְפוּ וְשֶׁנִּטְבְּעוּ וְשֶׁנֶּחְנְקוּ עַל קִדּוּשׁ הַשֵּׁם, בַּעֲבוּר שֶׁבְּלִי נֶדֶר אֶתֵּן צְדָקָה בְּעַד הַזְכָּרַת נִשְׁמוֹתֵיהֶם. בִּשְׂכַר זֶה תִּהְיֶינָה נַפְשׁוֹתֵיהֶם צְרוּרוֹת בִּצְרוֹר הַחַיִּים עִם נִשְׁמוֹת אַבְרָהָם יִצְחָק וְיַעֲקֹב, שָׂרָה רִבְקָה רָחֵל וְלֵאָה, וְעִם שְׁאָר צַדִּיקִים וְצִדְקָנִיּוֹת שֶׁבְּגַן עֵדֶן, וְנֹאמַר אָמֵן.

For the Holocaust victims:

אֵל מָלֵא רַחֲמִים, דַּיַּן אַלְמָנוֹת וַאֲבִי יְתוֹמִים, אַל נָא תֶחֱשֶׁה וְתִתְאַפַּק לְדַם יִשְׂרָאֵל שֶׁנִּשְׁפַּךְ כַּמַּיִם. הַמְצֵא מְנוּחָה נְכוֹנָה עַל כַּנְפֵי הַשְּׁכִינָה, בְּמַעֲלוֹת קְדוֹשִׁים וּטְהוֹרִים, כְּזֹהַר הָרָקִיעַ מְאִירִים וּמַזְהִירִים, לְנִשְׁמוֹתֵיהֶם שֶׁל רִבְבוֹת אַלְפֵי יִשְׂרָאֵל, אֲנָשִׁים וְנָשִׁים, יְלָדִים וִילָדוֹת, שֶׁנֶּהֶרְגוּ וְנִשְׁחֲטוּ וְנִשְׂרְפוּ וְנֶחְנְקוּ וְנִקְבְּרוּ חַיִּים, בָּאֲרָצוֹת אֲשֶׁר נָגְעָה בָּהֶן יַד הַצּוֹרֵר הַגֶּרְמָנִי וּגְרוּרָיו. כֻּלָּם קְדוֹשִׁים וּטְהוֹרִים, וּבָהֶם גְּאוֹנִים וְצַדִּיקִים, אַרְזֵי הַלְּבָנוֹן אַדִּירֵי הַתּוֹרָה. בְּגַן עֵדֶן תְּהֵא מְנוּחָתָם. לָכֵן, בַּעַל הָרַחֲמִים יַסְתִּירֵם בְּסֵתֶר כְּנָפָיו לְעוֹלָמִים, וְיִצְרֹר בִּצְרוֹר הַחַיִּים אֶת נִשְׁמָתָם, יהוה הוּא נַחֲלָתָם, וְיָנוּחוּ בְשָׁלוֹם עַל מִשְׁכְּבָם, וְנֹאמַר אָמֵן.

For the Israeli soldiers:

אֵל מָלֵא רַחֲמִים God, full of mercy, who dwells on high, grant fitting rest on the wings of the Divine Presence, in the heights of the holy, the pure and the brave, who shine like the radiance of heaven, to the souls of the holy ones who fought in any of Israel's battles, in clandestine operations and in Israel's Defense Forces, who fell in battle and sacrificed their lives for the consecration of God's name, for the people and the land, and for this we pray for the ascent of their souls. Therefore, Master of compassion, shelter them in the shadow of Your wings forever, and bind their souls in the bond of everlasting life. The Lord is their heritage; may the Garden of Eden be their resting place, may they rest in peace, may their merit stand for all Israel, and may they receive their reward at the End of Days, and let us say: Amen.

For fallen service members of other armed forces:

אֵל מָלֵא רַחֲמִים God on High and in our Hearts: Grant reassuring peace beneath the cover of Your Presence to all the men and women who gave their lives in defense of our country and the freedom of the world. Shelter them among the righteous souls who are as radiant as the luminous firmament. Source of Compassion, may we continue to feel their touch on our souls. Hasten the day when peace and security shall prevail, when nation shall not lift up sword against nation, and there shall be no need to prepare for war. May the day come when the world will stand together as one. May the memory of our fallen brothers and sisters serve as an inspiration to us and as a comfort to all their loved ones. Amen.

For the Israeli soldiers:

אֵל מָלֵא רַחֲמִים, שׁוֹכֵן בַּמְּרוֹמִים, הַמְצֵא מְנוּחָה נְכוֹנָה עַל כַּנְפֵי הַשְּׁכִינָה, בְּמַעֲלוֹת קְדוֹשִׁים טְהוֹרִים וְגִבּוֹרִים, כְּזֹהַר הָרָקִיעַ מַזְהִירִים, לְנִשְׁמוֹת הַקְּדוֹשִׁים שֶׁנִּלְחֲמוּ בְּכָל מַעַרְכוֹת יִשְׂרָאֵל, בַּמַּחְתֶּרֶת וּבִצְבָא הַהֲגָנָה לְיִשְׂרָאֵל, וְשֶׁנָּפְלוּ בְּמִלְחַמְתָּם וּמָסְרוּ נַפְשָׁם עַל קְדֻשַּׁת הַשֵּׁם, הָעָם וְהָאָרֶץ, בַּעֲבוּר שֶׁאָנוּ מִתְפַּלְּלִים לְעִלּוּי נִשְׁמוֹתֵיהֶם. לָכֵן, בַּעַל הָרַחֲמִים יַסְתִּירֵם בְּסֵתֶר כְּנָפָיו לְעוֹלָמִים, וְיִצְרֹר בִּצְרוֹר הַחַיִּים אֶת נִשְׁמוֹתֵיהֶם, יהוה הוּא נַחֲלָתָם, בְּגַן עֵדֶן תְּהֵא מְנוּחָתָם, וְיָנוּחוּ בְשָׁלוֹם עַל מִשְׁכְּבוֹתֵיהֶם וְתַעֲמֹד לְכָל יִשְׂרָאֵל זְכוּתָם, וְיַעַמְדוּ לְגוֹרָלָם לְקֵץ הַיָּמִין, וְנֹאמַר אָמֵן.

For fallen service members of other armed forces:

אֵל מָלֵא רַחֲמִים, שׁוֹכֵן בַּמְּרוֹמִים, הַמְצֵא מְנוּחָה נְכוֹנָה עַל כַּנְפֵי הַשְּׁכִינָה, בְּמַעֲלוֹת קְדוֹשִׁים וּטְהוֹרִים כְּזֹהַר הָרָקִיעַ מַזְהִירִים, אֶת נִשְׁמוֹת אַחֵינוּ אַנְשֵׁי הַחַיִל, אֲשֶׁר הֶעֱרוּ לַמָּוֶת נַפְשָׁם בְּעַד אַרְצֵנוּ וּלְחֵרוּת הָעוֹלָם. לָכֵן בַּעַל הָרַחֲמִים הַסְתִּירֵם בְּסֵתֶר כְּנָפֶיךָ לְעוֹלָמִים, וּצְרוֹר בִּצְרוֹר הַחַיִּים אֶת נִשְׁמָתָם, וְהָיָה מַעֲשֵׂה הַצְּדָקָה שָׁלוֹם וָבֶטַח עַד־עוֹלָם. לֹא־יִשָּׂא גוֹי אֶל־גּוֹי חֶרֶב וְלֹא־יִלְמְדוּ עוֹד מִלְחָמָה: וְנִגְלָה כְּבוֹד יהוה וְרָאוּ כָל־בָּשָׂר יַחְדָּו, וּתְהִי מְנוּחָתָם כָּבוֹד. שֹׂבַע שְׂמָחוֹת אֶת־פָּנֶיךָ נְעִמוֹת בִּימִינְךָ נֶצַח, וְנֹאמַר אָמֵן.

Congregation and Leader:

אַב הָרַחֲמִים Father of compassion, who dwells on high: may He remember in His compassion the pious, the upright and the blameless – holy communities who sacrificed their lives for the sanctification of God's name. Lovely and pleasant in their lives, in death they were not parted. They were swifter than eagles and stronger than lions to do the will of their Maker and the desire of their Creator. O our God, remember them for good with the other righteous of the world, and may He exact retribution for the shed blood of His servants, as it is written in the
Torah of Moses, the man of God: "O nations, acclaim His people, for *Deut. 32*
He will avenge the blood of His servants, wreak vengeance on His foes, and make clean His people's land." And by Your servants, the prophets,
it is written: "I shall cleanse their blood which I have not yet cleansed, *Joel 4*
says the Lord who dwells in Zion." And in the holy Writings it says:
"Why should the nations say: Where is their God? Before our eyes, may *Ps. 79*
those nations know that You avenge the shed blood of Your servants."
And it also says: "For the Avenger of blood remembers them and does *Ps. 9*
not forget the cry of the afflicted." And it further says: "He will execute *Ps. 110*
judgment among the nations, filled with the dead, crushing rulers far and wide. From the brook by the wayside he will drink, then he will hold his head high."

Some congregations conclude with Psalm 16:

מִכְתָּם לְדָוִד A mikhtam of David. Guard me, God, for I seek refuge in You. I say to the Lord, "You are my Master." You are not bound to promote my welfare; but [You do so] on account of the holy ones who were in the land, and the noble men, in whom was all my delight. Many shall be the sorrows of those who woo another god. Never will I offer libations of blood to such gods; never will I take their names upon my lips. The Lord alone is my portion, my share, my cup of destiny; You hold my lot secure. A measured portion has fallen for me in delightful places; excellent indeed is my heritage. I will bless the Lord who gives me counsel; at night my thoughts instruct me. I set the Lord before me always; with Him at my right hand I shall not falter. Therefore my heart is glad, my soul rejoices, my whole body is secure and at rest. For You will not abandon my soul to the grave, nor suffer Your faithful servant to see the pit. You will make known to me the path of life; in Your presence is fullness of joy, at Your right hand bliss forevermore.

Congregation and Leader:

אַב הָרַחֲמִים שׁוֹכֵן מְרוֹמִים, בְּרַחֲמָיו הָעֲצוּמִים הוּא יִפְקֹד בְּרַחֲמִים
הַחֲסִידִים וְהַיְשָׁרִים וְהַתְּמִימִים, קְהִלּוֹת הַקֹּדֶשׁ שֶׁמָּסְרוּ נַפְשָׁם עַל
קְדֻשַּׁת הַשֵּׁם, הַנֶּאֱהָבִים וְהַנְּעִימִים בְּחַיֵּיהֶם, וּבְמוֹתָם לֹא נִפְרָדוּ,
מִנְּשָׁרִים קַלּוּ וּמֵאֲרָיוֹת גָּבֵרוּ לַעֲשׂוֹת רְצוֹן קוֹנָם וְחֵפֶץ צוּרָם. יִזְכְּרֵם
אֱלֹהֵינוּ לְטוֹבָה עִם שְׁאָר צַדִּיקֵי עוֹלָם, וְיִנְקֹם לְעֵינֵינוּ נִקְמַת דַּם
עֲבָדָיו הַשָּׁפוּךְ, כַּכָּתוּב בְּתוֹרַת מֹשֶׁה אִישׁ הָאֱלֹהִים, הַרְנִינוּ גוֹיִם דברים לב
עַמּוֹ, כִּי דַם־עֲבָדָיו יִקּוֹם, וְנָקָם יָשִׁיב לְצָרָיו, וְכִפֶּר אַדְמָתוֹ עַמּוֹ:
וְעַל יְדֵי עֲבָדֶיךָ הַנְּבִיאִים כָּתוּב לֵאמֹר, וְנִקֵּיתִי, דָּמָם לֹא־נִקֵּיתִי, יואל ד
וַיהוה שֹׁכֵן בְּצִיּוֹן: וּבְכִתְבֵי הַקֹּדֶשׁ נֶאֱמַר, לָמָּה יֹאמְרוּ הַגּוֹיִם אַיֵּה תהלים עט
אֱלֹהֵיהֶם, יִוָּדַע בַּגּוֹיִם לְעֵינֵינוּ נִקְמַת דַּם־עֲבָדֶיךָ הַשָּׁפוּךְ: וְאוֹמֵר,
כִּי־דֹרֵשׁ דָּמִים אוֹתָם זָכָר, לֹא־שָׁכַח צַעֲקַת עֲנָוִים: וְאוֹמֵר, יָדִין תהלים ט / תהלים קי
בַּגּוֹיִם מָלֵא גְוִיּוֹת, מָחַץ רֹאשׁ עַל־אֶרֶץ רַבָּה: מִנַּחַל בַּדֶּרֶךְ יִשְׁתֶּה,
עַל־כֵּן יָרִים רֹאשׁ:

Some congregations conclude with מזמור טז*:*

מִכְתָּם לְדָוִד שָׁמְרֵנִי אֵל כִּי־חָסִיתִי בָךְ:
אָמַרְתְּ לַיהוה אֲדֹנָי אָתָּה טוֹבָתִי בַּל־עָלֶיךָ:
לִקְדוֹשִׁים אֲשֶׁר־בָּאָרֶץ הֵמָּה וְאַדִּירֵי כָּל־חֶפְצִי־בָם:
יִרְבּוּ עַצְּבוֹתָם אַחֵר מָהָרוּ
בַּל־אַסִּיךְ נִסְכֵּיהֶם מִדָּם וּבַל־אֶשָּׂא אֶת־שְׁמוֹתָם עַל־שְׂפָתָי:
יהוה מְנָת־חֶלְקִי וְכוֹסִי אַתָּה תּוֹמִיךְ גּוֹרָלִי:
חֲבָלִים נָפְלוּ־לִי בַּנְּעִמִים אַף־נַחֲלָת שָׁפְרָה עָלָי:
אֲבָרֵךְ אֶת־יהוה אֲשֶׁר יְעָצָנִי אַף־לֵילוֹת יִסְּרוּנִי כִלְיוֹתָי:
שִׁוִּיתִי יהוה לְנֶגְדִּי תָמִיד כִּי מִימִינִי בַּל־אֶמּוֹט:
לָכֵן ׀ שָׂמַח לִבִּי וַיָּגֶל כְּבוֹדִי אַף־בְּשָׂרִי יִשְׁכֹּן לָבֶטַח:
כִּי ׀ לֹא־תַעֲזֹב נַפְשִׁי לִשְׁאוֹל לֹא־תִתֵּן חֲסִידְךָ לִרְאוֹת שָׁחַת:
תּוֹדִיעֵנִי אֹרַח חַיִּים שֹׂבַע שְׂמָחוֹת אֶת־פָּנֶיךָ נְעִמוֹת בִּימִינְךָ נֶצַח:

PRAYERS TO BE SAID AT THE CEMETERY

On visiting a cemetery for the first time in thirty days, it is customary to say the following:

בָּרוּךְ Blessed are You, LORD our God, King of the universe,
who justly formed you,
and justly nourished and sustained you,
and justly brought death to you,
and justly knows you, one by one,
and is one day justly to bring you back and revive you;
blessed are You, LORD,
who revives the dead.

אַתָּה You are eternally mighty, LORD.
You give life to the dead and have great power to save.
He sustains the living with loving-kindness,
and with great compassion revives the dead.
He supports the fallen, heals the sick, sets captives free,
and keeps His faith with those who sleep in the dust.
Who is like You, Master of might,
and to whom can You be compared,
O King who brings death and gives life,
and makes salvation grow?
Faithful are You to revive the dead.

When visiting a cemetery, especially for a memorial service or on the anniversary of a death, it is customary to say the following seven psalms by the graveside. These are followed by the verses of Psalm 119 (which is arranged alphabetically in groups of eight verses for each letter) that spell out the deceased person's name (page 32), and then the groups of verses that spell out the word נשמה *("soul") (page 46).*

33 Sing joyfully to the LORD, you righteous; it is fitting for the upright to praise Him.
Praise the LORD with the harp; sing to Him with the ten-stringed lute.
Sing to Him a new song; play skillfully amid shouts of joy.
For the word of the LORD is right; His every deed is trustworthy.
He loves righteousness and justice; the earth is full of the goodness of the LORD.
By the word of the LORD the heavens were made, and all their host by the breath of His mouth.
He gathers the waters of the sea as in a heap; He puts the deep in storehouses.

תפילות לבית הקברות

On visiting a cemetery for the first time in thirty days, it is customary to say the following:

בָּרוּךְ אַתָּה יהוה, אֱלֹהֵינוּ מֶלֶךְ הָעוֹלָם
אֲשֶׁר יָצַר אֶתְכֶם בַּדִּין
וְזָן וְכִלְכֵּל אֶתְכֶם בַּדִּין
וְהֵמִית אֶתְכֶם בַּדִּין
וְיוֹדֵעַ מִסְפַּר כֻּלְּכֶם בַּדִּין
וְעָתִיד לְהַחֲזִיר וּלְהַחֲיוֹתְכֶם בַּדִּין.
בָּרוּךְ אַתָּה יהוה, מְחַיֵּה הַמֵּתִים.

אַתָּה גִּבּוֹר לְעוֹלָם, אֲדֹנָי
מְחַיֵּה מֵתִים אַתָּה, רַב לְהוֹשִׁיעַ
מְכַלְכֵּל חַיִּים בְּחֶסֶד, מְחַיֵּה מֵתִים בְּרַחֲמִים רַבִּים
סוֹמֵךְ נוֹפְלִים, וְרוֹפֵא חוֹלִים, וּמַתִּיר אֲסוּרִים
וּמְקַיֵּם אֱמוּנָתוֹ לִישֵׁנֵי עָפָר.
מִי כָמוֹךָ, בַּעַל גְּבוּרוֹת וּמִי דּוֹמֶה לָּךְ
מֶלֶךְ, מֵמִית וּמְחַיֶּה וּמַצְמִיחַ יְשׁוּעָה.
וְנֶאֱמָן אַתָּה לְהַחֲיוֹת מֵתִים.

When visiting a cemetery, especially for a memorial service or on the anniversary of a death, it is customary to say the following seven תהלים *by the graveside. These are followed by the verses of* מזמור קיט *(which is arranged alphabetically in groups of eight verses for each letter) that spell out the deceased person's name (page 33), and then the groups of verses that spell out the word* נשמה *("soul") (page 47).*

לג רַנְּנוּ צַדִּיקִים בַּיהוה לַיְשָׁרִים נָאוָה תְהִלָּה:
הוֹדוּ לַיהוה בְּכִנּוֹר בְּנֵבֶל עָשׂוֹר זַמְּרוּ־לוֹ:
שִׁירוּ־לוֹ שִׁיר חָדָשׁ הֵיטִיבוּ נַגֵּן בִּתְרוּעָה:
כִּי־יָשָׁר דְּבַר־יהוה וְכָל־מַעֲשֵׂהוּ בֶּאֱמוּנָה:
אֹהֵב צְדָקָה וּמִשְׁפָּט חֶסֶד יהוה מָלְאָה הָאָרֶץ:
בִּדְבַר יהוה שָׁמַיִם נַעֲשׂוּ וּבְרוּחַ פִּיו כָּל־צְבָאָם:
כֹּנֵס כַּנֵּד מֵי הַיָּם נֹתֵן בְּאֹצָרוֹת תְּהוֹמוֹת:

Let all the earth fear the LORD; let all the inhabitants of the world stand in awe of Him.
For He spoke, and it was; He commanded, and there it stood.
The LORD frustrates the plans of nations; He thwarts the designs of peoples.
But the LORD's own plan stands forever, the designs of His heart endure for all generations.
Happy is the nation whose God is the LORD; the people He has chosen for His own heritage.
The LORD looks down from heaven, He sees all mankind.
From His dwelling-place He surveys all the inhabitants of the earth.
It is He who fashions the hearts of them all, He notes all their doings.
No king is saved by the size of his army; no warrior is delivered by his great strength.
The horse is a vain hope for deliverance; despite its great strength, it provides no escape.
But the eye of the LORD is on those who fear Him, who wait for His loving care,
to deliver them from death, and to keep them alive in famine.
Our soul waits for the LORD; He is our help and our shield.
In Him our hearts rejoice, for we trust in His holy name.
Let Your loving care, LORD, rest upon us, as we put our hope in You.

16 A mikhtam of David. Guard me, God, for I seek refuge in You.
I say to the LORD, "You are my Master." You are not bound to promote my welfare;
but [You do so] on account of the holy ones who were in the land, and the noble men, in whom was all my delight.
Many shall be the sorrows of those who woo another god. Never will I offer
libations of blood to such gods; never will I take their names upon my lips.
The LORD alone is my portion, my share, my cup of destiny; You hold my lot secure.
A measured portion has fallen for me in delightful places; excellent indeed is my heritage.
I will bless the LORD who gives me counsel; at night my thoughts instruct me.
I set the LORD before me always; with Him at my right hand I shall not falter.
Therefore my heart is glad, my soul rejoices, my whole body is secure and at rest.
For You will not abandon my soul to the grave, nor suffer Your faithful servant to see the pit.
You will make known to me the path of life; in Your presence is fullness of joy, at Your right hand bliss forevermore.

יִירְאוּ מֵיהוה כָּל־הָאָרֶץ מִמֶּנּוּ יָגוּרוּ כָּל־יֹשְׁבֵי תֵבֵל׃
כִּי הוּא אָמַר וַיֶּהִי הוּא־צִוָּה וַיַּעֲמֹד׃
יְהוה הֵפִיר עֲצַת־גּוֹיִם הֵנִיא מַחְשְׁבוֹת עַמִּים׃
עֲצַת יְהוה לְעוֹלָם תַּעֲמֹד מַחְשְׁבוֹת לִבּוֹ לְדֹר וָדֹר׃
אַשְׁרֵי הַגּוֹי אֲשֶׁר־יְהוה אֱלֹהָיו הָעָם ׀ בָּחַר לְנַחֲלָה לוֹ׃
מִשָּׁמַיִם הִבִּיט יְהוה רָאָה אֶת־כָּל־בְּנֵי הָאָדָם׃
מִמְּכוֹן־שִׁבְתּוֹ הִשְׁגִּיחַ אֶל כָּל־יֹשְׁבֵי הָאָרֶץ׃
הַיֹּצֵר יַחַד לִבָּם הַמֵּבִין אֶל־כָּל־מַעֲשֵׂיהֶם׃
אֵין־הַמֶּלֶךְ נוֹשָׁע בְּרָב־חָיִל גִּבּוֹר לֹא־יִנָּצֵל בְּרָב־כֹּחַ׃
שֶׁקֶר הַסּוּס לִתְשׁוּעָה וּבְרֹב חֵילוֹ לֹא יְמַלֵּט׃
הִנֵּה עֵין יְהוה אֶל־יְרֵאָיו לַמְיַחֲלִים לְחַסְדּוֹ׃
לְהַצִּיל מִמָּוֶת נַפְשָׁם וּלְחַיּוֹתָם בָּרָעָב׃
נַפְשֵׁנוּ חִכְּתָה לַיהוה עֶזְרֵנוּ וּמָגִנֵּנוּ הוּא׃
כִּי־בוֹ יִשְׂמַח לִבֵּנוּ כִּי בְשֵׁם קָדְשׁוֹ בָטָחְנוּ׃
יְהִי־חַסְדְּךָ יְהוה עָלֵינוּ כַּאֲשֶׁר יִחַלְנוּ לָךְ׃

טז מִכְתָּם לְדָוִד שָׁמְרֵנִי אֵל כִּי־חָסִיתִי בָךְ׃
אָמַרְתְּ לַיהוה אֲדֹנָי אָתָּה טוֹבָתִי בַּל־עָלֶיךָ׃
לִקְדוֹשִׁים אֲשֶׁר־בָּאָרֶץ הֵמָּה וְאַדִּירֵי כָּל־חֶפְצִי־בָם׃
יִרְבּוּ עַצְּבוֹתָם אַחֵר מָהָרוּ
בַּל־אַסִּיךְ נִסְכֵּיהֶם מִדָּם וּבַל־אֶשָּׂא אֶת־שְׁמוֹתָם עַל־שְׂפָתָי׃
יְהוה מְנָת־חֶלְקִי וְכוֹסִי אַתָּה תּוֹמִיךְ גּוֹרָלִי׃
חֲבָלִים נָפְלוּ־לִי בַּנְּעִמִים אַף־נַחֲלָת שָׁפְרָה עָלָי׃
אֲבָרֵךְ אֶת־יְהוה אֲשֶׁר יְעָצָנִי אַף־לֵילוֹת יִסְּרוּנִי כִלְיוֹתָי׃
שִׁוִּיתִי יְהוה לְנֶגְדִּי תָמִיד כִּי מִימִינִי בַּל־אֶמּוֹט׃
לָכֵן ׀ שָׂמַח לִבִּי וַיָּגֶל כְּבוֹדִי אַף־בְּשָׂרִי יִשְׁכֹּן לָבֶטַח׃
כִּי ׀ לֹא־תַעֲזֹב נַפְשִׁי לִשְׁאוֹל לֹא־תִתֵּן חֲסִידְךָ לִרְאוֹת שָׁחַת׃
תּוֹדִיעֵנִי אֹרַח חַיִּים שֹׂבַע שְׂמָחוֹת אֶת־פָּנֶיךָ נְעִמוֹת בִּימִינְךָ נֶצַח׃

17 A prayer of David. Hear, LORD, my righteous cause, listen to my cry. Give ear to my prayers from lips without deceit.
Let my judgment come forth from You; let Your eyes discern what is right.
Were You to test my heart, and watch me all night long. Were You to try me [as in a furnace], You would not find me innocent. I wish that my mouth had not transgressed.
With regard to man's activities – being mindful of the command of Your lips, I have protected others from the ways of the lawless.
My steps have held firmly to Your paths, my feet have never faltered.
I call on You, for You will answer me, God. Turn Your ear to me; listen to my words.
Favor me with Your compassion, You who rescues those who seek refuge from Your opponents with Your right hand.
Guard me like the apple of Your eye; hide me in the shadow of Your wings from the wicked who do me violence, from my deadly enemies who encircle me.
Their fat has enclosed their hearts, their mouths speak nothing but arrogance.
[They track] our steps; now they surround us; they set their eyes to throw us to the ground.
They are like a lion hungry for prey, like a young lion crouching in ambush.
Arise, LORD, confront them, bring them down; save my life from the wicked who act as Your sword.
I prefer to die at Your hand, LORD, among those who die of old age; whose portion is life, and whose bellies You will fill with Your hidden treasures.
May their sons have plenty, and have something to leave for their offspring.
Then I, in righteousness, will behold Your face; when I awake, I shall be content with the vision of You.

72 Of Solomon. God, endow the king with Your justice, the royal son with Your righteousness,
that he may judge Your people with righteousness, and Your poor with equity.
May the mountains bring forth prosperity for the people, the hills too, because of [his] justice.
May he defend the poor among the people; may he save the children of the needy, and crush the oppressor.
Then all will revere You as long as the sun endures, and as long as the moon lasts, throughout the ages.

יז תְּפִלָּה לְדָוִד
שִׁמְעָה יהוה ׀ צֶדֶק הַקְשִׁיבָה רִנָּתִי הַאֲזִינָה תְפִלָּתִי
בְּלֹא שִׂפְתֵי מִרְמָה׃
מִלְּפָנֶיךָ מִשְׁפָּטִי יֵצֵא עֵינֶיךָ תֶּחֱזֶינָה מֵישָׁרִים׃
בָּחַנְתָּ לִבִּי ׀ פָּקַדְתָּ לַּיְלָה צְרַפְתַּנִי בַל־תִּמְצָא
זַמֹּתִי בַּל־יַעֲבָר־פִּי׃
לִפְעֻלּוֹת אָדָם בִּדְבַר שְׂפָתֶיךָ אֲנִי שָׁמַרְתִּי אָרְחוֹת פָּרִיץ׃
תָּמֹךְ אֲשֻׁרַי בְּמַעְגְּלוֹתֶיךָ בַּל־נָמוֹטּוּ פְעָמָי׃
אֲנִי־קְרָאתִיךָ כִי־תַעֲנֵנִי אֵל הַט־אָזְנְךָ לִי שְׁמַע אִמְרָתִי׃
הַפְלֵה חֲסָדֶיךָ מוֹשִׁיעַ חוֹסִים מִמִּתְקוֹמְמִים בִּימִינֶךָ׃
שָׁמְרֵנִי כְּאִישׁוֹן בַּת־עָיִן בְּצֵל כְּנָפֶיךָ תַּסְתִּירֵנִי׃
מִפְּנֵי רְשָׁעִים זוּ שַׁדּוּנִי אֹיְבַי בְּנֶפֶשׁ יַקִּיפוּ עָלָי׃
חֶלְבָּמוֹ סָּגְרוּ פִּימוֹ דִּבְּרוּ בְגֵאוּת׃
אַשֻּׁרֵנוּ עַתָּה סְבָבוּנוּ עֵינֵיהֶם יָשִׁיתוּ לִנְטוֹת בָּאָרֶץ׃
דִּמְיֹנוֹ כְּאַרְיֵה יִכְסוֹף לִטְרֹף וְכִכְפִיר יֹשֵׁב בְּמִסְתָּרִים׃
קוּמָה יהוה קַדְּמָה פָנָיו הַכְרִיעֵהוּ
פַּלְּטָה נַפְשִׁי מֵרָשָׁע חַרְבֶּךָ׃
מִמְתִים יָדְךָ ׀ יהוה מִמְתִים מֵחֶלֶד חֶלְקָם בַּחַיִּים
וּצְפוּנְךָ תְּמַלֵּא בִטְנָם יִשְׂבְּעוּ בָנִים
וְהִנִּיחוּ יִתְרָם לְעוֹלְלֵיהֶם׃
אֲנִי בְּצֶדֶק אֶחֱזֶה פָנֶיךָ אֶשְׂבְּעָה בְהָקִיץ תְּמוּנָתֶךָ׃

עב לִשְׁלֹמֹה ׀
אֱלֹהִים מִשְׁפָּטֶיךָ לְמֶלֶךְ תֵּן וְצִדְקָתְךָ לְבֶן־מֶלֶךְ׃
יָדִין עַמְּךָ בְצֶדֶק וַעֲנִיֶּיךָ בְמִשְׁפָּט׃
יִשְׂאוּ הָרִים שָׁלוֹם לָעָם וּגְבָעוֹת בִּצְדָקָה׃
יִשְׁפֹּט ׀ עֲנִיֵּי־עָם יוֹשִׁיעַ לִבְנֵי אֶבְיוֹן וִידַכֵּא עוֹשֵׁק׃
יִירָאוּךָ עִם־שָׁמֶשׁ וְלִפְנֵי יָרֵחַ דּוֹר דּוֹרִים׃

May he come down like rain falling on a mown field, like showers watering the earth!
In his days may the righteous flourish, and peace abound till the moon be no more.
May he rule from sea to sea, from the River to the ends of the earth.
Desert dwellers shall kneel before him; his enemies shall lick the dust.
The kings of Tarshish and of the isles shall pay him tribute, the kings of Sheba and Seba shall offer gifts;
all kings shall bow to him, all nations shall serve him.
For he saves the needy who call for help, and the poor who have no protector.
He has pity on the poor and the needy, and saves the lives of the helpless.
He redeems their lives from oppression and violence, for their blood is precious in his eyes.
Long may he live with them,sharing the gold he received from Sheba,So that they will pray for him constantly,and bless him each day.
May there be an abundance of corn in the land, even on the mountain tops; may its crops rustle like Lebanon; and men shall thrive in the cities like grass in the fields!
May his name endure forever; as long as the sun lasts may his name continue; men shall wish to be blessed as he was; all nations shall call him happy!
Blessed be the Lord, the God of Israel, who alone does wondrous things!
Blessed be His glorious name forever; let the whole earth be filled with His glory! Amen and Amen!
Here end the prayers of David, son of Jesse.

91 You who dwell in the shelter of the Most High, and abide in the shadow of the Almighty,
I say [to you], on behalf of the Lord, who is my refuge, my stronghold, my God in whom I trust,
that He will deliver you from the fowler's snare, from the destructive plague.
He will cover you with His pinions; under His wings you will find safety.
His faithfulness is your shield and buckler.
You will not fear the terrors of the night, or the arrow that flies by day;
the plague that stalks in the darkness, or the pestilence that ravages at noon.

יֵרֵד כְּמָטָר עַל־גֵּז כִּרְבִיבִים זַרְזִיף אָרֶץ׃
יִפְרַח־בְּיָמָיו צַדִּיק וְרֹב שָׁלוֹם עַד־בְּלִי יָרֵחַ׃
וְיֵרְדְּ מִיָּם עַד־יָם וּמִנָּהָר עַד־אַפְסֵי־אָרֶץ׃
לְפָנָיו יִכְרְעוּ צִיִּים וְאֹיְבָיו עָפָר יְלַחֵכוּ׃
מַלְכֵי תַרְשִׁישׁ וְאִיִּים מִנְחָה יָשִׁיבוּ
מַלְכֵי שְׁבָא וּסְבָא אֶשְׁכָּר יַקְרִיבוּ׃
וְיִשְׁתַּחֲווּ־לוֹ כָל־מְלָכִים כָּל־גּוֹיִם יַעַבְדוּהוּ׃
כִּי־יַצִּיל אֶבְיוֹן מְשַׁוֵּעַ וְעָנִי וְאֵין־עֹזֵר לוֹ׃
יָחֹס עַל־דַּל וְאֶבְיוֹן וְנַפְשׁוֹת אֶבְיוֹנִים יוֹשִׁיעַ׃
מִתּוֹךְ וּמֵחָמָס יִגְאַל נַפְשָׁם וְיֵיקַר דָּמָם בְּעֵינָיו׃
וִיחִי וְיִתֶּן־לוֹ מִזְּהַב שְׁבָא
וְיִתְפַּלֵּל בַּעֲדוֹ תָמִיד כָּל־הַיּוֹם יְבָרֲכֶנְהוּ׃
יְהִי פִסַּת־בַּר | בָּאָרֶץ בְּרֹאשׁ הָרִים
יִרְעַשׁ כַּלְּבָנוֹן פִּרְיוֹ וְיָצִיצוּ מֵעִיר כְּעֵשֶׂב הָאָרֶץ׃
יְהִי שְׁמוֹ | לְעוֹלָם לִפְנֵי־שֶׁמֶשׁ יִנּוֹן שְׁמוֹ
וְיִתְבָּרְכוּ בוֹ כָּל־גּוֹיִם יְאַשְּׁרוּהוּ׃
בָּרוּךְ | יהוה אֱלֹהִים אֱלֹהֵי יִשְׂרָאֵל
עֹשֵׂה נִפְלָאוֹת לְבַדּוֹ׃
וּבָרוּךְ | שֵׁם כְּבוֹדוֹ לְעוֹלָם
וְיִמָּלֵא כְבוֹדוֹ אֶת־כֹּל־הָאָרֶץ אָמֵן | וְאָמֵן׃
כָּלּוּ תְפִלּוֹת דָּוִד בֶּן־יִשָׁי׃

צא יֹשֵׁב בְּסֵתֶר עֶלְיוֹן בְּצֵל שַׁדַּי יִתְלוֹנָן׃
אֹמַר לַיהוה מַחְסִי וּמְצוּדָתִי אֱלֹהַי אֶבְטַח־בּוֹ׃
כִּי הוּא יַצִּילְךָ מִפַּח יָקוּשׁ מִדֶּבֶר הַוּוֹת׃
בְּאֶבְרָתוֹ | יָסֶךְ לָךְ וְתַחַת־כְּנָפָיו תֶּחְסֶה
צִנָּה וְסֹחֵרָה אֲמִתּוֹ׃
לֹא־תִירָא מִפַּחַד לָיְלָה מֵחֵץ יָעוּף יוֹמָם׃
מִדֶּבֶר בָּאֹפֶל יַהֲלֹךְ מִקֶּטֶב יָשׁוּד צָהֳרָיִם׃

A thousand may fall at your side, ten thousand at your right hand; but you it will not reach.
You have but to look around and see the punishment of the wicked.
Because you [have said:] "The LORD is my refuge"; because you have made the Most High your dwelling,
no evil shall befall you, no plague shall come near your dwelling.
For He will charge His angels concerning you, to guard you wherever you go.
They will carry you in their hands, lest you strike your foot against a stone.
You will tread on lion and viper. You will trample on young lion and snake.
"Because he desires Me, [says the LORD,] I will deliver him. I will set him on high, for he knows My name.
Let him call to Me, so that I might answer him that I will be with him in time of trouble and so that I might rescue him and honor him.
With length of days I will satisfy him; I will show him My salvation."

104 Bless the LORD, O my soul! LORD, my God, You are very great, You are clothed in glory and majesty.
He wraps Himself with light as with a garment; He has spread out the heavens like a veil.
He has laid the girders of His chambers on the waters; He makes the clouds His chariot, and speeds along on the wings of the wind.
He makes the winds His messengers, fiery flames His ministers.
He established the earth on its foundations, so that it shall never be moved.
You covered it with the deep like a cloak; the waters stood above the mountains.
But at Your rebuke they fled, at the sound of Your thunders they rushed away, rising over the hills, flowing down into the valleys, to the place You appointed for them.
You set a boundary which they were not to pass; never again shall they cover the earth.
He makes springs break out in the valleys, their waters flow between the hills, supplying drink to all the wild beasts; there the wild asses quench t heir thirst.
Nearby nest the birds of the air; among the branches they sing their song.
He waters the mountains from His lofty chambers; the earth is sated with the fruit of His work.

יִפֹּל מִצִּדְּךָ ׀ אֶלֶף וּרְבָבָה מִימִינֶךָ אֵלֶיךָ לֹא יִגָּשׁ׃
רַק בְּעֵינֶיךָ תַבִּיט וְשִׁלֻּמַת רְשָׁעִים תִּרְאֶה׃
כִּי־אַתָּה יְהוָה מַחְסִי עֶלְיוֹן שַׂמְתָּ מְעוֹנֶךָ׃
לֹא־תְאֻנֶּה אֵלֶיךָ רָעָה וְנֶגַע לֹא־יִקְרַב בְּאָהֳלֶךָ׃
כִּי מַלְאָכָיו יְצַוֶּה־לָּךְ לִשְׁמָרְךָ בְּכָל־דְּרָכֶיךָ׃
עַל־כַּפַּיִם יִשָּׂאוּנְךָ פֶּן־תִּגֹּף בָּאֶבֶן רַגְלֶךָ׃
עַל־שַׁחַל וָפֶתֶן תִּדְרֹךְ תִּרְמֹס כְּפִיר וְתַנִּין׃
כִּי בִי חָשַׁק וַאֲפַלְּטֵהוּ אֲשַׂגְּבֵהוּ כִּי־יָדַע שְׁמִי׃
יִקְרָאֵנִי ׀ וְאֶעֱנֵהוּ עִמּוֹ־אָנֹכִי בְצָרָה אֲחַלְּצֵהוּ וַאֲכַבְּדֵהוּ׃
אֹרֶךְ יָמִים אַשְׂבִּיעֵהוּ וְאַרְאֵהוּ בִּישׁוּעָתִי׃

קד בָּרְכִי נַפְשִׁי אֶת־יְהוָה יְהוָה אֱלֹהַי גָּדַלְתָּ מְּאֹד
הוֹד וְהָדָר לָבָשְׁתָּ׃
עֹטֶה־אוֹר כַּשַּׂלְמָה נוֹטֶה שָׁמַיִם כַּיְרִיעָה׃
הַמְקָרֶה בַמַּיִם עֲלִיּוֹתָיו
הַשָּׂם־עָבִים רְכוּבוֹ הַמְהַלֵּךְ עַל־כַּנְפֵי־רוּחַ׃
עֹשֶׂה מַלְאָכָיו רוּחוֹת מְשָׁרְתָיו אֵשׁ לֹהֵט׃
יָסַד־אֶרֶץ עַל־מְכוֹנֶיהָ בַּל־תִּמּוֹט עוֹלָם וָעֶד׃
תְּהוֹם כַּלְּבוּשׁ כִּסִּיתוֹ עַל־הָרִים יַעַמְדוּ־מָיִם׃
מִן־גַּעֲרָתְךָ יְנוּסוּן מִן־קוֹל רַעַמְךָ יֵחָפֵזוּן׃
יַעֲלוּ הָרִים יֵרְדוּ בְקָעוֹת אֶל־מְקוֹם זֶה ׀ יָסַדְתָּ לָהֶם׃
גְּבוּל־שַׂמְתָּ בַּל־יַעֲבֹרוּן בַּל־יְשׁוּבוּן לְכַסּוֹת הָאָרֶץ׃
הַמְשַׁלֵּחַ מַעְיָנִים בַּנְּחָלִים בֵּין הָרִים יְהַלֵּכוּן׃
יַשְׁקוּ כָּל־חַיְתוֹ שָׂדָי יִשְׁבְּרוּ פְרָאִים צְמָאָם׃
עֲלֵיהֶם עוֹף־הַשָּׁמַיִם יִשְׁכּוֹן מִבֵּין עֳפָאיִם יִתְּנוּ־קוֹל׃
מַשְׁקֶה הָרִים מֵעֲלִיּוֹתָיו
מִפְּרִי מַעֲשֶׂיךָ תִּשְׂבַּע הָאָרֶץ׃

He makes grass grow for the cattle, and vegetation for man's needs, that he may produce bread from the earth,
and wine to cheer the heart of man; oil to make his face shine, and bread to strengthen man's heart.
The trees of the LORD are well watered, so, too, the cedars of Lebanon which He planted.
There the birds build their nests; the stork has its home on the fir trees.
The high mountains are for the wild goats, the crags are a shelter for the badgers.
He made the moon to mark the seasons; the sun knows the time of its setting.
You bring on darkness and it is night; then all the beasts of the forest are astir.
The young lions roar for their prey, seeking their food from God.
When the sun rises they stalk away, and lie down in their dens.
Then man goes to his work, and to his labor until evening.
How manifold are Your works, LORD! You made them all with wisdom; the earth is full of Your creations.
There is the sea, vast and wide, teeming with countless creatures, large and small alike.
There ships go to and fro, Leviathan also, which You formed to sport with.
They all look expectantly to You, to give them their food in due season.
When You give it to them, they gather it up; when You open Your hand, they are well satisfied.
When You hide Your face, they are dismayed; when You take away their breath, they perish, and return to dust.
When You send back Your spirit, they are created anew, and You give new life to the earth.
May the glory of the LORD endure forever; may the LORD rejoice in His works!
When He looks at the earth, it trembles; when He touches the mountains, they pour forth smoke.
As long as I live I will sing to the LORD; I will chant praises to my God all my life.
May my meditation be pleasing to Him; I will rejoice in the LORD.
May sinners disappear from the earth, and the wicked exist no more!
Bless the LORD, O my soul. Praise the LORD!

מַצְמִיחַ חָצִיר ׀ לַבְּהֵמָה וְעֵשֶׂב לַעֲבֹדַת הָאָדָם
לְהוֹצִיא לֶחֶם מִן־הָאָרֶץ׃
וְיַיִן ׀ יְשַׂמַּח לְבַב־אֱנוֹשׁ לְהַצְהִיל פָּנִים מִשָּׁמֶן
וְלֶחֶם לְבַב־אֱנוֹשׁ יִסְעָד׃
יִשְׂבְּעוּ עֲצֵי יְהוָה אַרְזֵי לְבָנוֹן אֲשֶׁר נָטָע׃
אֲשֶׁר־שָׁם צִפֳּרִים יְקַנֵּנוּ חֲסִידָה בְּרוֹשִׁים בֵּיתָהּ׃
הָרִים הַגְּבֹהִים לַיְּעֵלִים סְלָעִים מַחְסֶה לַשְׁפַנִּים׃
עָשָׂה יָרֵחַ לְמוֹעֲדִים שֶׁמֶשׁ יָדַע מְבוֹאוֹ׃
תָּשֶׁת־חֹשֶׁךְ וִיהִי לָיְלָה בּוֹ־תִרְמֹשׂ כָּל־חַיְתוֹ־יָעַר׃
הַכְּפִירִים שֹׁאֲגִים לַטָּרֶף וּלְבַקֵּשׁ מֵאֵל אָכְלָם׃
תִּזְרַח הַשֶּׁמֶשׁ יֵאָסֵפוּן וְאֶל־מְעוֹנֹתָם יִרְבָּצוּן׃
יֵצֵא אָדָם לְפָעֳלוֹ וְלַעֲבֹדָתוֹ עֲדֵי־עָרֶב׃
מָה־רַבּוּ מַעֲשֶׂיךָ ׀ יְהוָה כֻּלָּם בְּחָכְמָה עָשִׂיתָ
מָלְאָה הָאָרֶץ קִנְיָנֶךָ׃
זֶה ׀ הַיָּם גָּדוֹל וּרְחַב יָדָיִם
שָׁם־רֶמֶשׂ וְאֵין מִסְפָּר חַיּוֹת קְטַנּוֹת עִם־גְּדֹלוֹת׃
שָׁם אֳנִיּוֹת יְהַלֵּכוּן לִוְיָתָן זֶה־יָצַרְתָּ לְשַׂחֶק־בּוֹ׃
כֻּלָּם אֵלֶיךָ יְשַׂבֵּרוּן לָתֵת אָכְלָם בְּעִתּוֹ׃
תִּתֵּן לָהֶם יִלְקֹטוּן תִּפְתַּח יָדְךָ יִשְׂבְּעוּן טוֹב׃
תַּסְתִּיר פָּנֶיךָ יִבָּהֵלוּן תֹּסֵף רוּחָם יִגְוָעוּן
וְאֶל־עֲפָרָם יְשׁוּבוּן׃
תְּשַׁלַּח רוּחֲךָ יִבָּרֵאוּן וּתְחַדֵּשׁ פְּנֵי אֲדָמָה׃
יְהִי כְבוֹד יְהוָה לְעוֹלָם יִשְׂמַח יְהוָה בְּמַעֲשָׂיו׃
הַמַּבִּיט לָאָרֶץ וַתִּרְעָד יִגַּע בֶּהָרִים וְיֶעֱשָׁנוּ׃
אָשִׁירָה לַיהוָה בְּחַיָּי אֲזַמְּרָה לֵאלֹהַי בְּעוֹדִי׃
יֶעֱרַב עָלָיו שִׂיחִי אָנֹכִי אֶשְׂמַח בַּיהוָה׃
יִתַּמּוּ חַטָּאִים ׀ מִן־הָאָרֶץ וּרְשָׁעִים ׀ עוֹד אֵינָם
בָּרְכִי נַפְשִׁי אֶת־יְהוָה הַלְלוּיָהּ׃

130 A song of Ascents. Out of the depths I call to You, Lord.
Lord, hear my voice; let Your ears be attentive to my plea for mercy.
If You, Lord, should keep account of sins, who could survive?
But with You there is forgiveness; therefore You are feared.
I wait for the Lord; my soul waits; hopefully I wait for His word.
My soul waits for the Lord more eagerly than watchmen for the morning;
yes, more than watchmen for the morning.
O Israel, put your hope in the Lord; for with the Lord there is loving-kindness, and with Him there is great power to redeem.
He Himself will redeem Israel from all their sins.

After reciting the initial seven psalms, above, it is customary to spell out the name of the deceased by reciting the verses of Psalm 119 that correspond to the letters of the name.

ALEF

119 Happy are they whose way is blameless, who follow the Torah of the Lord.
Happy are they who keep His decrees, who seek Him with all their heart;
who have done no wrong, but walk in His ways.
You have commanded that Your precepts must be diligently kept.
How I wish that my ways were steadfast in keeping Your statutes!
Then I would never be put to shame when I regard all Your commandments.
I will praise You with a sincere heart as I learn Your just laws.
I mean to observe Your statutes; do not utterly forsake me.

BEIT

How can a young man keep his way pure? By holding to Your word.
I seek You with all my heart; do not let me stray from Your commandments.
In my heart I treasure Your promise, for fear that I might sin against You.
Blessed are You, Lord; teach me Your statutes.
With my lips I repeat all the laws You have stated.
I rejoice in following Your decrees, as one rejoices over great wealth.
I meditate on Your precepts, and regard Your paths.
I delight in Your statutes; I will not forget Your word.

קל שִׁיר הַמַּעֲלוֹת מִמַּעֲמַקִּים קְרָאתִיךָ יהוה:
אֲדֹנָי שִׁמְעָה בְקוֹלִי תִּהְיֶינָה אָזְנֶיךָ קַשֻּׁבוֹת לְקוֹל תַּחֲנוּנָי:
אִם־עֲוֺנוֹת תִּשְׁמָר־יָהּ אֲדֹנָי מִי יַעֲמֹד:
כִּי־עִמְּךָ הַסְּלִיחָה לְמַעַן תִּוָּרֵא:
קִוִּיתִי יהוה קִוְּתָה נַפְשִׁי וְלִדְבָרוֹ הוֹחָלְתִּי:
נַפְשִׁי לַאדֹנָי מִשֹּׁמְרִים לַבֹּקֶר שֹׁמְרִים לַבֹּקֶר:
יַחֵל יִשְׂרָאֵל אֶל־יהוה כִּי־עִם־יהוה הַחֶסֶד וְהַרְבֵּה עִמּוֹ פְדוּת:
וְהוּא יִפְדֶּה אֶת־יִשְׂרָאֵל מִכֹּל עֲוֺנֹתָיו:

After reciting the initial seven psalms, above, it is customary to spell out the name of the deceased by reciting the verses of מזמור קיט *that correspond to the letters of the name.*

א

קיט אַשְׁרֵי תְמִימֵי־דָרֶךְ הַהֹלְכִים בְּתוֹרַת יהוה:
אַשְׁרֵי נֹצְרֵי עֵדֹתָיו בְּכָל־לֵב יִדְרְשׁוּהוּ:
אַף לֹא־פָעֲלוּ עַוְלָה בִּדְרָכָיו הָלָכוּ:
אַתָּה צִוִּיתָה פִקֻּדֶיךָ לִשְׁמֹר מְאֹד:
אַחֲלַי יִכֹּנוּ דְרָכָי לִשְׁמֹר חֻקֶּיךָ:
אָז לֹא־אֵבוֹשׁ בְּהַבִּיטִי אֶל־כָּל־מִצְוֺתֶיךָ:
אוֹדְךָ בְּיֹשֶׁר לֵבָב בְּלָמְדִי מִשְׁפְּטֵי צִדְקֶךָ:
אֶת־חֻקֶּיךָ אֶשְׁמֹר אַל־תַּעַזְבֵנִי עַד־מְאֹד:

ב

בַּמֶּה יְזַכֶּה־נַּעַר אֶת־אָרְחוֹ לִשְׁמֹר כִּדְבָרֶךָ:
בְּכָל־לִבִּי דְרַשְׁתִּיךָ אַל־תַּשְׁגֵּנִי מִמִּצְוֺתֶיךָ:
בְּלִבִּי צָפַנְתִּי אִמְרָתֶךָ לְמַעַן לֹא אֶחֱטָא־לָךְ:
בָּרוּךְ אַתָּה יהוה לַמְּדֵנִי חֻקֶּיךָ:
בִּשְׂפָתַי סִפַּרְתִּי כֹּל מִשְׁפְּטֵי־פִיךָ:
בְּדֶרֶךְ עֵדְוֺתֶיךָ שַׂשְׂתִּי כְּעַל כָּל־הוֹן:
בְּפִקֻּדֶיךָ אָשִׂיחָה וְאַבִּיטָה אֹרְחֹתֶיךָ:
בְּחֻקֹּתֶיךָ אֶשְׁתַּעֲשָׁע לֹא אֶשְׁכַּח דְּבָרֶךָ:

GIMMEL

Deal kindly with Your servant, that I may live and keep Your word.
Unveil my eyes that I may behold the wonders of Your Torah.
I am a passing stranger on earth; do not hide Your commandments from me.
My heart is breaking with longing for Your laws at all times.
You rebuke the accursed proud who stray from Your commandments.
Remove from me scorn and contempt, for I keep Your decrees.
Though princes sit together and scheme against me, Your servant studies Your statutes.
For Your decrees are my delight; they are my counselors.

DALET

My soul clings to the dust; revive me according to Your word.
I confessed my ways, and You answered me; teach me Your statutes.
Make me understand the way of Your precepts, and I will meditate on Your wonders.
My soul weeps with grief; raise my spirits according to Your word.
Remove from me the way of falsehood; favor me with Your Torah.
I have chosen the way of truth; I have set Your judgments before me.
I cling to Your decrees; LORD, do not put me to shame.
I eagerly pursue the way of Your commandments, for You free my heart [from anxiety].

HEH

Teach me, LORD, the way of Your statutes, and I will observe them meticulously.
Give me understanding that I may observe Your Torah, and keep it with all my heart.
Guide me in the path of Your commandments, for that is my sole delight.
Incline my heart towards Your decrees, and not towards love of gain.
Turn my eyes away from worthless things; grant me life to follow in Your way.
Fulfill for Your servant the promise which [You made] to those who fear You.
Remove the reproach which I dread, for Your judgments are good.
See, how I long for Your precepts! By Your righteousness grant me life.

ג

גְּמֹל עַל־עַבְדְּךָ אֶחְיֶה וְאֶשְׁמְרָה דְבָרֶךָ׃
גַּל־עֵינַי וְאַבִּיטָה נִפְלָאוֹת מִתּוֹרָתֶךָ׃
גֵּר אָנֹכִי בָאָרֶץ אַל־תַּסְתֵּר מִמֶּנִּי מִצְוֹתֶיךָ׃
גָּרְסָה נַפְשִׁי לְתַאֲבָה אֶל־מִשְׁפָּטֶיךָ בְכָל־עֵת׃
גָּעַרְתָּ זֵדִים אֲרוּרִים הַשֹּׁגִים מִמִּצְוֹתֶיךָ׃
גַּל מֵעָלַי חֶרְפָּה וָבוּז כִּי עֵדֹתֶיךָ נָצָרְתִּי׃
גַּם יָשְׁבוּ שָׂרִים בִּי נִדְבָּרוּ עַבְדְּךָ יָשִׂיחַ בְּחֻקֶּיךָ׃
גַּם־עֵדֹתֶיךָ שַׁעֲשֻׁעָי אַנְשֵׁי עֲצָתִי׃

ד

דָּבְקָה לֶעָפָר נַפְשִׁי חַיֵּנִי כִּדְבָרֶךָ׃
דְּרָכַי סִפַּרְתִּי וַתַּעֲנֵנִי לַמְּדֵנִי חֻקֶּיךָ׃
דֶּרֶךְ־פִּקּוּדֶיךָ הֲבִינֵנִי וְאָשִׂיחָה בְּנִפְלְאוֹתֶיךָ׃
דָּלְפָה נַפְשִׁי מִתּוּגָה קַיְּמֵנִי כִּדְבָרֶךָ׃
דֶּרֶךְ־שֶׁקֶר הָסֵר מִמֶּנִּי וְתוֹרָתְךָ חָנֵּנִי׃
דֶּרֶךְ־אֱמוּנָה בָחָרְתִּי מִשְׁפָּטֶיךָ שִׁוִּיתִי׃
דָּבַקְתִּי בְעֵדְוֺתֶיךָ יהוה אַל־תְּבִישֵׁנִי׃
דֶּרֶךְ־מִצְוֹתֶיךָ אָרוּץ כִּי תַרְחִיב לִבִּי׃

ה

הוֹרֵנִי יהוה דֶּרֶךְ חֻקֶּיךָ וְאֶצְּרֶנָּה עֵקֶב׃
הֲבִינֵנִי וְאֶצְּרָה תוֹרָתֶךָ וְאֶשְׁמְרֶנָּה בְכָל־לֵב׃
הַדְרִיכֵנִי בִּנְתִיב מִצְוֹתֶיךָ כִּי־בוֹ חָפָצְתִּי׃
הַט־לִבִּי אֶל־עֵדְוֺתֶיךָ וְאַל אֶל־בָּצַע׃
הַעֲבֵר עֵינַי מֵרְאוֹת שָׁוְא בִּדְרָכֶךָ חַיֵּנִי׃
הָקֵם לְעַבְדְּךָ אִמְרָתֶךָ אֲשֶׁר לְיִרְאָתֶךָ׃
הַעֲבֵר חֶרְפָּתִי אֲשֶׁר יָגֹרְתִּי כִּי מִשְׁפָּטֶיךָ טוֹבִים׃
הִנֵּה תָּאַבְתִּי לְפִקֻּדֶיךָ בְּצִדְקָתְךָ חַיֵּנִי׃

VAV

May Your loving-kindness come to me, LORD, and Your deliverance, as You have promised.
Then I shall have an answer for him who reviles me; for I trust in Your word.
Do not utterly take away the true word from my mouth; for I put my hope in Your just rulings.
I will always obey Your Torah, forever and ever.
I will walk about in all freedom, because I seek Your precepts.
I will speak of Your decrees before kings, and shall not be ashamed.
I find delight in Your commandments, because I love them.
I reach out my hands for Your commandments which I love, and meditate on Your statutes.

ZAYIN

Remember the word [You spoke] to Your servant, by which You have given me hope.
This is my comfort in my suffering: that Your promise gives me life.
Though the arrogant bitterly mock me, I do not swerve from Your Torah.
I remember Your judgments of old, LORD, and am comforted by them.
Burning indignation grips me because of the wicked who forsake Your Torah.
Your statutes are the theme of my song wherever I sojourn.
In the night I remember Your name, LORD, and I dwell upon Your Torah.
This has been my merit, that I always kept Your precepts.

ḤET

[You are] my portion, LORD; so I promise to obey Your words.
I implore You with all my heart; have pity on me according to Your promise.
I have considered my ways, and have turned my steps to Your decrees.
I hasten, and never delay, to keep Your commandments.
Bands of wicked men prey on me, but I do not forget Your Torah.
At midnight I rise to praise You for Your righteous judgments.
I am a friend to all who fear You, to all who observe Your precepts.
The earth is filled with Your loving-kindness, LORD; teach me Your statutes.

ו

וִיבֹאֻנִי חֲסָדֶךָ יְהוָה תְּשׁוּעָתְךָ כְּאִמְרָתֶךָ׃
וְאֶעֱנֶה חֹרְפִי דָבָר כִּי־בָטַחְתִּי בִּדְבָרֶךָ׃
וְאַל־תַּצֵּל מִפִּי דְבַר־אֱמֶת עַד־מְאֹד כִּי לְמִשְׁפָּטֶךָ יִחָלְתִּי׃
וְאֶשְׁמְרָה תוֹרָתְךָ תָמִיד לְעוֹלָם וָעֶד׃
וְאֶתְהַלְּכָה בָרְחָבָה כִּי פִקֻּדֶיךָ דָרָשְׁתִּי׃
וַאֲדַבְּרָה בְעֵדֹתֶיךָ נֶגֶד מְלָכִים וְלֹא אֵבוֹשׁ׃
וְאֶשְׁתַּעֲשַׁע בְּמִצְוֺתֶיךָ אֲשֶׁר אָהָבְתִּי׃
וְאֶשָּׂא־כַפַּי אֶל־מִצְוֺתֶיךָ אֲשֶׁר אָהָבְתִּי וְאָשִׂיחָה בְחֻקֶּיךָ׃

ז

זְכָר־דָּבָר לְעַבְדֶּךָ עַל אֲשֶׁר יִחַלְתָּנִי׃
זֹאת נֶחָמָתִי בְעָנְיִי כִּי אִמְרָתְךָ חִיָּתְנִי׃
זֵדִים הֱלִיצֻנִי עַד־מְאֹד מִתּוֹרָתְךָ לֹא נָטִיתִי׃
זָכַרְתִּי מִשְׁפָּטֶיךָ מֵעוֹלָם ׀ יְהוָה וָאֶתְנֶחָם׃
זַלְעָפָה אֲחָזַתְנִי מֵרְשָׁעִים עֹזְבֵי תּוֹרָתֶךָ׃
זְמִרוֹת הָיוּ־לִי חֻקֶּיךָ בְּבֵית מְגוּרָי׃
זָכַרְתִּי בַלַּיְלָה שִׁמְךָ יְהוָה וָאֶשְׁמְרָה תּוֹרָתֶךָ׃
זֹאת הָיְתָה־לִּי כִּי פִקֻּדֶיךָ נָצָרְתִּי׃

ח

חֶלְקִי יְהוָה אָמַרְתִּי לִשְׁמֹר דְּבָרֶיךָ׃
חִלִּיתִי פָנֶיךָ בְכָל־לֵב חָנֵּנִי כְּאִמְרָתֶךָ׃
חִשַּׁבְתִּי דְרָכָי וָאָשִׁיבָה רַגְלַי אֶל־עֵדֹתֶיךָ׃
חַשְׁתִּי וְלֹא הִתְמַהְמָהְתִּי לִשְׁמֹר מִצְוֺתֶיךָ׃
חֶבְלֵי רְשָׁעִים עִוְּדֻנִי תּוֹרָתְךָ לֹא שָׁכָחְתִּי׃
חֲצוֹת־לַיְלָה אָקוּם לְהוֹדוֹת לָךְ עַל מִשְׁפְּטֵי צִדְקֶךָ׃
חָבֵר אָנִי לְכָל־אֲשֶׁר יְרֵאוּךָ וּלְשֹׁמְרֵי פִּקּוּדֶיךָ׃
חַסְדְּךָ יְהוָה מָלְאָה הָאָרֶץ חֻקֶּיךָ לַמְּדֵנִי׃

TET

Do good to Your servant, LORD, according to Your word.
Teach me good sense and knowledge, because I believe in Your commandments.
Before I applied myself [to the Torah] I went astray, but now I heed Your bidding.
You are good, and what You do is good; teach me Your statutes.
Though proud men besmear me with lies, I observe Your precepts with all my heart.
Their heart is gross like fat; but as for me, Your Torah is my delight.
It was good for me that I was afflicted, so that I might learn Your statutes.
More precious to me is the Torah You proclaimed than thousands of gold and silver pieces.

YOD

Your hands made me and formed me; give me understanding that I may learn Your commandments.
Those who fear You will see me and rejoice, for I put my hope in Your word.
I know, LORD, that Your judgments are just, and in faithfulness You have afflicted me.
O let Your loving-kindness comfort me, in accordance with Your promise to Your servant.
May Your mercies come to me that I may live, for Your Torah is my delight.
May the proud be ashamed, for they wrong me with lies; but I will meditate on Your precepts.
May those who fear You turn to me, those who know Your decrees.
May my heart be blameless towards Your statutes; then I shall never be put to shame!

KAF

My soul yearns for Your deliverance; I have put my hope in Your word.
My eyes fail awaiting Your promise; I say, "When will You comfort me?"
Though I have become [shriveled] like a wine-skin in the smoke, I have not forgotten Your statutes.
How many are the days of Your servant? When will You execute judgment on my persecutors?
The proud have dug pits for me, in defiance of Your Torah.
All Your commandments are true; men persecute me without cause; help me!
They had almost swept me off the earth, but I would not abandon Your precepts.
By Your kindness grant me life, that I may keep the decree that You uttered.

ט

טוֹב עָשִׂיתָ עִם־עַבְדְּךָ יהוה כִּדְבָרֶךָ׃
טוּב טַעַם וָדַעַת לַמְּדֵנִי כִּי בְמִצְוֺתֶיךָ הֶאֱמָנְתִּי׃
טֶרֶם אֶעֱנֶה אֲנִי שֹׁגֵג וְעַתָּה אִמְרָתְךָ שָׁמָרְתִּי׃
טוֹב־אַתָּה וּמֵטִיב לַמְּדֵנִי חֻקֶּיךָ׃
טָפְלוּ עָלַי שֶׁקֶר זֵדִים אֲנִי בְּכָל־לֵב ׀ אֱצֹּר פִּקּוּדֶיךָ׃
טָפַשׁ כַּחֵלֶב לִבָּם אֲנִי תּוֹרָתְךָ שִׁעֲשָׁעְתִּי׃
טוֹב־לִי כִי־עֻנֵּיתִי לְמַעַן אֶלְמַד חֻקֶּיךָ׃
טוֹב־לִי תוֹרַת־פִּיךָ מֵאַלְפֵי זָהָב וָכָסֶף׃

י

יָדֶיךָ עָשׂוּנִי וַיְכוֹנְנוּנִי הֲבִינֵנִי וְאֶלְמְדָה מִצְוֺתֶיךָ׃
יְרֵאֶיךָ יִרְאוּנִי וְיִשְׂמָחוּ כִּי לִדְבָרְךָ יִחָלְתִּי׃
יָדַעְתִּי יהוה כִּי־צֶדֶק מִשְׁפָּטֶיךָ וֶאֱמוּנָה עִנִּיתָנִי׃
יְהִי־נָא חַסְדְּךָ לְנַחֲמֵנִי כְּאִמְרָתְךָ לְעַבְדֶּךָ׃
יְבֹאוּנִי רַחֲמֶיךָ וְאֶחְיֶה כִּי־תוֹרָתְךָ שַׁעֲשֻׁעָי׃
יֵבֹשׁוּ זֵדִים כִּי־שֶׁקֶר עִוְּתוּנִי אֲנִי אָשִׂיחַ בְּפִקּוּדֶיךָ׃
יָשׁוּבוּ לִי יְרֵאֶיךָ וְיֹדְעֵי עֵדֹתֶיךָ׃
יְהִי־לִבִּי תָמִים בְּחֻקֶּיךָ לְמַעַן לֹא אֵבוֹשׁ׃

כ

כָּלְתָה לִתְשׁוּעָתְךָ נַפְשִׁי לִדְבָרְךָ יִחָלְתִּי׃
כָּלוּ עֵינַי לְאִמְרָתֶךָ לֵאמֹר מָתַי תְּנַחֲמֵנִי׃
כִּי־הָיִיתִי כְּנֹאד בְּקִיטוֹר חֻקֶּיךָ לֹא שָׁכָחְתִּי׃
כַּמָּה יְמֵי־עַבְדֶּךָ מָתַי תַּעֲשֶׂה בְרֹדְפַי מִשְׁפָּט׃
כָּרוּ־לִי זֵדִים שִׁיחוֹת אֲשֶׁר לֹא כְתוֹרָתֶךָ׃
כָּל־מִצְוֺתֶיךָ אֱמוּנָה שֶׁקֶר רְדָפוּנִי עָזְרֵנִי׃
כִּמְעַט כִּלּוּנִי בָאָרֶץ וַאֲנִי לֹא־עָזַבְתִּי פִקֻּדֶיךָ׃
כְּחַסְדְּךָ חַיֵּנִי וְאֶשְׁמְרָה עֵדוּת פִּיךָ׃

LAMED

You, LORD, are eternal, Your word stands firm in the heavens;
Your faithfulness endures for all generations; You established the earth and it stands.
They stand today according to Your ordinances. for all things are Your servants.
Had Your Torah not been my delight, I should have perished in my affliction.
Never shall I forget Your precepts, for by them You have given me life.
I am Yours; save me! for I have sought Your precepts.
The wicked lie in wait to destroy me, but I ponder Your decrees.
I have seen that everything, however perfect, has a limit, but Your commandment is wide beyond measure.

MEM

O how I love Your Torah! I meditate on it all day long.
Your commandments make me wiser than my enemies, for they are ever with me.
I have gained more insight than all my teachers, for Your decrees are my study.
I have more understanding than the aged, for I keep Your precepts.
I restrain my feet from every evil path, so that I may keep Your word.
I have not departed from Your ordinances, for You Yourself have taught me.
How sweet to my palate are Your words, sweeter than honey to my mouth!
I gain wisdom from Your precepts, therefore I hate every false way.

NUN

Your word is a lamp to my feet and a light for my path.
I have sworn – and I will keep my oath – to observe Your just regulations.
I am sorely afflicted; LORD, preserve my life according to Your word.
Accept, LORD, the willing offerings of my mouth, and teach me Your ordinances.
Though my life is in constant danger, yet I never forget Your Torah.
Evil men have set a trap for me, yet I do not stray from Your precepts.
Your decrees are my everlasting heritage; for they are the joy of my heart.
I have resolved to carry out Your statutes; the reward is eternal.

ל

לְעוֹלָ֥ם יהוה דְּ֝בָרְךָ֗ נִצָּ֥ב בַּשָּׁמָֽיִם׃
לְדֹ֣ר וָ֭דֹר אֱמֽוּנָתֶ֑ךָ כּוֹנַ֥נְתָּ אֶ֝֗רֶץ וַֽתַּעֲמֹֽד׃
לְ֭מִשְׁפָּטֶיךָ עָמְד֣וּ הַיּ֑וֹם כִּ֝֗י הַכֹּ֥ל עֲבָדֶֽיךָ׃
לוּלֵ֣י ת֭וֹרָתְךָ שַׁעֲשֻׁעָ֑י אָ֝֗ז אָבַ֥דְתִּי בְעָנְיִֽי׃
לְ֭עוֹלָם לֹא־אֶשְׁכַּ֣ח פִּקּוּדֶ֑יךָ כִּ֥י בָ֝֗ם חִיִּיתָֽנִי׃
לְךָ־אֲ֭נִי הוֹשִׁיעֵ֑נִי כִּ֖י פִקּוּדֶ֣יךָ דָרָֽשְׁתִּי׃
לִ֤י קִוּ֣וּ רְשָׁעִ֣ים לְאַבְּדֵ֑נִי עֵ֝דֹתֶ֗יךָ אֶתְבּוֹנָֽן׃
לְֽכָל־תִּ֭כְלָה רָאִ֣יתִי קֵ֑ץ רְחָבָ֖ה מִצְוָתְךָ֣ מְאֹֽד׃

מ

מָה־אָהַ֥בְתִּי תוֹרָתֶ֑ךָ כָּל־הַ֝יּ֗וֹם הִ֣יא שִׂיחָתִֽי׃
מֵ֭אֹיְבַי תְּחַכְּמֵ֣נִי מִצְוֺתֶ֑ךָ כִּ֖י לְעוֹלָ֣ם הִיא־לִֽי׃
מִכָּל־מְלַמְּדַ֥י הִשְׂכַּ֑לְתִּי כִּ֥י עֵ֝דְוֺתֶ֗יךָ שִׂ֣יחָה לִֽי׃
מִזְּקֵנִ֥ים אֶתְבּוֹנָ֑ן כִּ֖י פִקּוּדֶ֣יךָ נָצָֽרְתִּי׃
מִכָּל־אֹ֣רַח רָ֭ע כָּלִ֣אתִי רַגְלָ֑י לְ֝מַ֗עַן אֶשְׁמֹ֥ר דְּבָרֶֽךָ׃
מִמִּשְׁפָּטֶ֥יךָ לֹא־סָ֑רְתִּי כִּֽי־אַ֝תָּ֗ה הוֹרֵתָֽנִי׃
מַה־נִּמְלְצ֣וּ לְ֭חִכִּי אִמְרָתֶ֗ךָ מִדְּבַ֥שׁ לְפִֽי׃
מִפִּקּוּדֶ֥יךָ אֶתְבּוֹנָ֑ן עַל־כֵּ֝֗ן שָׂנֵ֤אתִי ׀ כָּל־אֹ֬רַח שָֽׁקֶר׃

נ

נֵר־לְרַגְלִ֥י דְבָרֶ֑ךָ וְ֝א֗וֹר לִנְתִיבָתִֽי׃
נִשְׁבַּ֥עְתִּי וָאֲקַיֵּ֑מָה לִ֝שְׁמֹ֗ר מִשְׁפְּטֵ֥י צִדְקֶֽךָ׃
נַעֲנֵ֥יתִי עַד־מְאֹ֑ד יְ֝הוה חַיֵּ֥נִי כִדְבָרֶֽךָ׃
נִֽדְב֣וֹת פִּ֭י רְצֵה־נָ֣א יהוה וּ֖מִשְׁפָּטֶ֣יךָ לַמְּדֵֽנִי׃
נַפְשִׁ֣י בְכַפִּ֣י תָמִ֑יד וְ֝ת֥וֹרָתְךָ֗ לֹ֣א שָׁכָֽחְתִּי׃
נָתְנ֨וּ רְשָׁעִ֣ים פַּ֣ח לִ֑י וּ֝מִפִּקּוּדֶ֗יךָ לֹ֣א תָעִֽיתִי׃
נָחַ֣לְתִּי עֵדְוֺתֶ֣יךָ לְעוֹלָ֑ם כִּֽי־שְׂשׂ֖וֹן לִבִּ֣י הֵֽמָּה׃
נָטִ֣יתִי לִ֭בִּי לַעֲשׂ֥וֹת חֻקֶּ֗יךָ לְעוֹלָ֥ם עֵֽקֶב׃

SAMEKH

I hate skeptics, but I love Your Torah.
You are my shelter and my shield; I await the fulfillment of Your word.
Away from me, you evildoers, that I may keep the commandments of my God.
Support me as You have promised, that I may live; do not disappoint my hope.
Sustain me that I may be saved, and I shall always occupy myself with Your statutes.
You reject all who stray from Your statutes; for their scheming is in vain.
You discard as dross all the wicked of the earth; therefore I love Your decrees.
My flesh creeps from dread of You; I stand in awe of Your ordinances.

AYIN

I have done what is just and right; do not abandon me to my oppressors.
Assure the well-being of Your servant; do not let the proud oppress me.
My eyes languish for Your deliverance, and for Your righteous promise.
Deal with Your servant according to Your true loving-kindness; teach me Your statutes.
I am Your servant; give me insight, that I may know Your decrees.
It is a time for the Lord to act; for they have violated Your Torah.
Truly I love Your commandments more than gold, even the finest gold.
Truly I consider all Your precepts right in all matters; I hate every false way.

PEH

Your decrees are wonderful; that is why I keep them.
Your opening words shed light; they give understanding to the simple.
I open wide my mouth, I pant, longing for Your commandments.
Turn to me and be gracious to me, as You always do to those who love Your name.
Direct my footsteps according to Your word; let no iniquity dominate me.
Redeem me from the oppression of men, that I may keep Your precepts.
Let Your face shine upon Your servant, and teach me Your statutes.
My eyes stream with tears because men do not obey Your Torah.

ס

סֵעֲפִים שָׂנֵאתִי וְתוֹרָתְךָ אָהָבְתִּי׃
סִתְרִי וּמָגִנִּי אָתָּה לִדְבָרְךָ יִחָלְתִּי׃
סוּרוּ מִמֶּנִּי מְרֵעִים וְאֶצְּרָה מִצְוֺת אֱלֹהָי׃
סָמְכֵנִי כְאִמְרָתְךָ וְאֶחְיֶה וְאַל־תְּבִישֵׁנִי מִשִּׂבְרִי׃
סְעָדֵנִי וְאִוָּשֵׁעָה וְאֶשְׁעָה בְחֻקֶּיךָ תָמִיד׃
סָלִיתָ כָּל־שׁוֹגִים מֵחֻקֶּיךָ כִּי־שֶׁקֶר תַּרְמִיתָם׃
סִגִים הִשְׁבַּתָּ כָל־רִשְׁעֵי־אָרֶץ לָכֵן אָהַבְתִּי עֵדֹתֶיךָ׃
סָמַר מִפַּחְדְּךָ בְשָׂרִי וּמִמִּשְׁפָּטֶיךָ יָרֵאתִי׃

ע

עָשִׂיתִי מִשְׁפָּט וָצֶדֶק בַּל־תַּנִּיחֵנִי לְעֹשְׁקָי׃
עֲרֹב עַבְדְּךָ לְטוֹב אַל־יַעַשְׁקֻנִי זֵדִים׃
עֵינַי כָּלוּ לִישׁוּעָתֶךָ וּלְאִמְרַת צִדְקֶךָ׃
עֲשֵׂה עִם־עַבְדְּךָ כְחַסְדֶּךָ וְחֻקֶּיךָ לַמְּדֵנִי׃
עַבְדְּךָ־אָנִי הֲבִינֵנִי וְאֵדְעָה עֵדֹתֶיךָ׃
עֵת לַעֲשׂוֹת לַיהֹוָה הֵפֵרוּ תּוֹרָתֶךָ׃
עַל־כֵּן אָהַבְתִּי מִצְוֺתֶיךָ מִזָּהָב וּמִפָּז׃
עַל־כֵּן ׀ כָּל־פִּקּוּדֵי כֹל יִשָּׁרְתִּי כָּל־אֹרַח שֶׁקֶר שָׂנֵאתִי׃

פ

פְּלָאוֹת עֵדְוֺתֶיךָ עַל־כֵּן נְצָרָתַם נַפְשִׁי׃
פֵּתַח־דְּבָרֶיךָ יָאִיר מֵבִין פְּתָיִים׃
פִּי־פָעַרְתִּי וָאֶשְׁאָפָה כִּי לְמִצְוֺתֶיךָ יָאָבְתִּי׃
פְּנֵה־אֵלַי וְחָנֵּנִי כְּמִשְׁפָּט לְאֹהֲבֵי שְׁמֶךָ׃
פְּעָמַי הָכֵן בְּאִמְרָתֶךָ וְאַל־תַּשְׁלֶט־בִּי כָל־אָוֶן׃
פְּדֵנִי מֵעֹשֶׁק אָדָם וְאֶשְׁמְרָה פִּקּוּדֶיךָ׃
פָּנֶיךָ הָאֵר בְּעַבְדֶּךָ וְלַמְּדֵנִי אֶת־חֻקֶּיךָ׃
פַּלְגֵי־מַיִם יָרְדוּ עֵינָי עַל לֹא־שָׁמְרוּ תוֹרָתֶךָ׃

TZADI

You are righteous, Lord, and Your judgments are just.
You have imposed Your decrees with fairness; they are fully trustworthy.
My zeal devastates me because my enemies ignore Your words.
Your word is well tested, and Your servant cherishes it.
I may be of little account and despised, but I do not forget Your precepts.
Your righteousness is an everlasting righteousness; Your Torah is truth.
Though distress and anxiety have overtaken me, Your commandments are still my delight.
Your decrees are ever just; give me understanding that I may live.

KUF

I call with all my heart; answer me, Lord, that I may keep Your statutes.
I call out to You: save me, that I may keep Your decrees.
I rise before dawn and cry for help; I await the fulfillment of Your word.
My eyes stay open through the watches of the night, to meditate on Your word.
Hear my voice in accordance with Your constant loving-kindness; grant me life, Lord, as is Your rule.
My malicious pursuers are coming closer, they are far from Your Torah.
Yet You are near, Lord, and all Your commandments are true.
I have long known from Your decrees that You have established them forever.

REISH

See my affliction and deliver me, for I have not forgotten Your Torah.
Defend my cause and redeem me; grant me life according to Your promise.
Deliverance is far from the wicked, for they do not seek Your statutes.
Great is Your compassion, Lord; grant me life, as is Your rule.
Though my persecutors and foes are many, I have not swerved from Your decrees.
When I see faithless men, I am disgusted, because they do not keep Your word.
See how I love Your precepts; grant me life, Lord, according to Your loving-kindness.
The essence of Your word is truth; all Your righteous laws are eternal.

צ

צַדִּיק אַתָּה יְהוָה וְיָשָׁר מִשְׁפָּטֶיךָ׃
צִוִּיתָ צֶדֶק עֵדֹתֶיךָ וֶאֱמוּנָה מְאֹד׃
צִמְּתַתְנִי קִנְאָתִי כִּי־שָׁכְחוּ דְבָרֶיךָ צָרָי׃
צְרוּפָה אִמְרָתְךָ מְאֹד וְעַבְדְּךָ אֲהֵבָהּ׃
צָעִיר אָנֹכִי וְנִבְזֶה פִּקֻּדֶיךָ לֹא שָׁכָחְתִּי׃
צִדְקָתְךָ צֶדֶק לְעוֹלָם וְתוֹרָתְךָ אֱמֶת׃
צַר־וּמָצוֹק מְצָאוּנִי מִצְוֹתֶיךָ שַׁעֲשֻׁעָי׃
צֶדֶק עֵדְוֹתֶיךָ לְעוֹלָם הֲבִינֵנִי וְאֶחְיֶה׃

ק

קָרָאתִי בְכָל־לֵב עֲנֵנִי יְהוָה חֻקֶּיךָ אֶצֹּרָה׃
קְרָאתִיךָ הוֹשִׁיעֵנִי וְאֶשְׁמְרָה עֵדֹתֶיךָ׃
קִדַּמְתִּי בַנֶּשֶׁף וָאֲשַׁוֵּעָה לִדְבָרְךָ יִחָלְתִּי׃
קִדְּמוּ עֵינַי אַשְׁמֻרוֹת לָשִׂיחַ בְּאִמְרָתֶךָ׃
קוֹלִי שִׁמְעָה כְחַסְדֶּךָ יְהוָה כְּמִשְׁפָּטֶךָ חַיֵּנִי׃
קָרְבוּ רֹדְפֵי זִמָּה מִתּוֹרָתְךָ רָחָקוּ׃
קָרוֹב אַתָּה יְהוָה וְכָל־מִצְוֹתֶיךָ אֱמֶת׃
קֶדֶם יָדַעְתִּי מֵעֵדֹתֶיךָ כִּי לְעוֹלָם יְסַדְתָּם׃

ר

רְאֵה־עָנְיִי וְחַלְּצֵנִי כִּי־תוֹרָתְךָ לֹא שָׁכָחְתִּי׃
רִיבָה רִיבִי וּגְאָלֵנִי לְאִמְרָתְךָ חַיֵּנִי׃
רָחוֹק מֵרְשָׁעִים יְשׁוּעָה כִּי־חֻקֶּיךָ לֹא דָרָשׁוּ׃
רַחֲמֶיךָ רַבִּים ׀ יְהוָה כְּמִשְׁפָּטֶיךָ חַיֵּנִי׃
רַבִּים רֹדְפַי וְצָרָי מֵעֵדְוֹתֶיךָ לֹא נָטִיתִי׃
רָאִיתִי בֹגְדִים וָאֶתְקוֹטָטָה אֲשֶׁר אִמְרָתְךָ לֹא שָׁמָרוּ׃
רְאֵה כִּי־פִקּוּדֶיךָ אָהָבְתִּי יְהוָה כְּחַסְדְּךָ חַיֵּנִי׃
רֹאשׁ־דְּבָרְךָ אֱמֶת וּלְעוֹלָם כָּל־מִשְׁפַּט צִדְקֶךָ׃

SHIN

Princes persecute me without cause, yet my heart fears only for Your word.
I rejoice over Your promise like one who finds much spoil.
I hate falsehood, I loathe it, but I love Your Torah.
Seven times each day I praise You for Your just rulings.
Great peace have they who love Your Torah; there is no stumbling for them.
I wait for Your deliverance, Lord, and I fulfill Your commandments.
My soul heeds Your decrees, for I love them dearly.
I observe Your precepts and Your decrees, for all my ways are before You.

TAV

Let my cry come before You, Lord; give me understanding as You have promised.
Let my entreaty reach You; save me according to Your promise.
My lips shall pour forth praise, because You teach me Your statutes.
My tongue shall sing of Your promise, for all Your commandments are righteous.
May Your hand be ready to help me, for I have chosen Your precepts.
I long for Your deliverance, Lord; Your Torah is my delight.
Let me live to praise You; may Your judgments help me.
I have strayed like a lost sheep; come and seek Your servant, for I have not forgotten Your Commandments.

Following are the verses of Psalm 119 that spell out the word נשמה *("soul").*

NUN

Your word is a lamp to my feet and a light for my path.
I have sworn – and I will keep my oath – to observe Your just regulations.
I am sorely afflicted; Lord, preserve my life according to Your word.
Accept, Lord, the willing offerings of my mouth, and teach me Your ordinances.
Though my life is in constant danger, yet I never forget Your Torah.
Evil men have set a trap for me, yet I do not stray from Your precepts.
Your decrees are my everlasting heritage; for they are the joy of my heart.
I have resolved to carry out Your statutes; the reward is eternal.

ש

שָׂרִים רְדָפוּנִי חִנָּם וּמִדְּבָרְךָ פָּחַד לִבִּי׃
שָׂשׂ אָנֹכִי עַל־אִמְרָתֶךָ כְּמוֹצֵא שָׁלָל רָב׃
שֶׁקֶר שָׂנֵאתִי וַאֲתַעֵבָה תּוֹרָתְךָ אָהָבְתִּי׃
שֶׁבַע בַּיּוֹם הִלַּלְתִּיךָ עַל מִשְׁפְּטֵי צִדְקֶךָ׃
שָׁלוֹם רָב לְאֹהֲבֵי תוֹרָתֶךָ וְאֵין־לָמוֹ מִכְשׁוֹל׃
שִׂבַּרְתִּי לִישׁוּעָתְךָ יְהוָה וּמִצְוֹתֶיךָ עָשִׂיתִי׃
שָׁמְרָה נַפְשִׁי עֵדֹתֶיךָ וָאֹהֲבֵם מְאֹד׃
שָׁמַרְתִּי פִקּוּדֶיךָ וְעֵדֹתֶיךָ כִּי כָל־דְּרָכַי נֶגְדֶּךָ׃

ת

תִּקְרַב רִנָּתִי לְפָנֶיךָ יְהוָה כִּדְבָרְךָ הֲבִינֵנִי׃
תָּבוֹא תְּחִנָּתִי לְפָנֶיךָ כְּאִמְרָתְךָ הַצִּילֵנִי׃
תַּבַּעְנָה שְׂפָתַי תְּהִלָּה כִּי תְלַמְּדֵנִי חֻקֶּיךָ׃
תַּעַן לְשׁוֹנִי אִמְרָתֶךָ כִּי כָל־מִצְוֹתֶיךָ צֶּדֶק׃
תְּהִי־יָדְךָ לְעָזְרֵנִי כִּי פִקּוּדֶיךָ בָחָרְתִּי׃
תָּאַבְתִּי לִישׁוּעָתְךָ יְהוָה וְתוֹרָתְךָ שַׁעֲשֻׁעָי׃
תְּחִי־נַפְשִׁי וּתְהַלְלֶךָּ וּמִשְׁפָּטֶךָ יַעְזְרֻנִי׃
תָּעִיתִי כְּשֶׂה אֹבֵד בַּקֵּשׁ עַבְדֶּךָ כִּי מִצְוֹתֶיךָ לֹא שָׁכָחְתִּי׃

Following are the verses of מזמור קיט *that spell out the word* נשמה *("soul").*

נ

נֵר־לְרַגְלִי דְבָרֶךָ וְאוֹר לִנְתִיבָתִי׃
נִשְׁבַּעְתִּי וָאֲקַיֵּמָה לִשְׁמֹר מִשְׁפְּטֵי צִדְקֶךָ׃
נַעֲנֵיתִי עַד־מְאֹד יְהוָה חַיֵּנִי כִדְבָרֶךָ׃
נִדְבוֹת פִּי רְצֵה־נָא יְהוָה וּמִשְׁפָּטֶיךָ לַמְּדֵנִי׃
נַפְשִׁי בְכַפִּי תָמִיד וְתוֹרָתְךָ לֹא שָׁכָחְתִּי׃
נָתְנוּ רְשָׁעִים פַּח לִי וּמִפִּקּוּדֶיךָ לֹא תָעִיתִי׃
נָחַלְתִּי עֵדְוֹתֶיךָ לְעוֹלָם כִּי־שְׂשׂוֹן לִבִּי הֵמָּה׃
נָטִיתִי לִבִּי לַעֲשׂוֹת חֻקֶּיךָ לְעוֹלָם עֵקֶב׃

SHIN

Princes persecute me without cause, yet my heart fears only for Your word.
I rejoice over Your promise like one who finds much spoil.
I hate falsehood, I loathe it, but I love Your Torah.
Seven times each day I praise You for Your just rulings.
Great peace have they who love Your Torah; there is no stumbling for them.
I wait for Your deliverance, LORD, and I fulfill Your commandments.
My soul heeds Your decrees, for I love them dearly.
I observe Your precepts and Your decrees, for all my ways are before You.

MEM

O how I love Your Torah! I meditate on it all day long.
Your commandments make me wiser than my enemies, for they are ever with me.
I have gained more insight than all my teachers, for Your decrees are my study.
I have more understanding than the aged, for I keep Your precepts.
I restrain my feet from every evil path, so that I may keep Your word.
I have not departed from Your ordinances, for You Yourself have taught me.
How sweet to my palate are Your words, sweeter than honey to my mouth!
I gain wisdom from Your precepts, therefore I hate every false way.

HEH

Teach me, LORD, the way of Your statutes, and I will observe them meticulously.
Give me understanding that I may observe Your Torah, and keep it with all my heart.
Guide me in the path of Your commandments, for that is my sole delight.
Incline my heart towards Your decrees, and not towards love of gain.
Turn my eyes away from worthless things; grant me life to follow in Your way.
Fulfill for Your servant the promise which [You made] to those who fear You.
Remove the reproach which I dread, for Your judgments are good.
See, how I long for Your precepts! By Your righteousness grant me life.

ש

שָׂרִים רְדָפוּנִי חִנָּם וּמִדְּבָרְךָ פָּחַד לִבִּי׃
שָׂשׂ אָנֹכִי עַל־אִמְרָתֶךָ כְּמוֹצֵא שָׁלָל רָב׃
שֶׁקֶר שָׂנֵאתִי וַאֲתַעֵבָה תּוֹרָתְךָ אָהָבְתִּי׃
שֶׁבַע בַּיּוֹם הִלַּלְתִּיךָ עַל מִשְׁפְּטֵי צִדְקֶךָ׃
שָׁלוֹם רָב לְאֹהֲבֵי תוֹרָתֶךָ וְאֵין־לָמוֹ מִכְשׁוֹל׃
שִׂבַּרְתִּי לִישׁוּעָתְךָ יְהוָה וּמִצְוֺתֶיךָ עָשִׂיתִי׃
שָׁמְרָה נַפְשִׁי עֵדֹתֶיךָ וָאֹהֲבֵם מְאֹד׃
שָׁמַרְתִּי פִקּוּדֶיךָ וְעֵדֹתֶיךָ כִּי כָל־דְּרָכַי נֶגְדֶּךָ׃

מ

מָה־אָהַבְתִּי תוֹרָתֶךָ כָּל־הַיּוֹם הִיא שִׂיחָתִי׃
מֵאֹיְבַי תְּחַכְּמֵנִי מִצְוֺתֶךָ כִּי לְעוֹלָם הִיא־לִי׃
מִכָּל־מְלַמְּדַי הִשְׂכַּלְתִּי כִּי עֵדְוֺתֶיךָ שִׂיחָה לִי׃
מִזְּקֵנִים אֶתְבּוֹנָן כִּי פִקּוּדֶיךָ נָצָרְתִּי׃
מִכָּל־אֹרַח רָע כָּלִאתִי רַגְלָי לְמַעַן אֶשְׁמֹר דְּבָרֶךָ׃
מִמִּשְׁפָּטֶיךָ לֹא־סָרְתִּי כִּי־אַתָּה הוֹרֵתָנִי׃
מַה־נִּמְלְצוּ לְחִכִּי אִמְרָתֶךָ מִדְּבַשׁ לְפִי׃
מִפִּקּוּדֶיךָ אֶתְבּוֹנָן עַל־כֵּן שָׂנֵאתִי ׀ כָּל־אֹרַח שָׁקֶר׃

ה

הוֹרֵנִי יְהוָה דֶּרֶךְ חֻקֶּיךָ וְאֶצְּרֶנָּה עֵקֶב׃
הֲבִינֵנִי וְאֶצְּרָה תוֹרָתֶךָ וְאֶשְׁמְרֶנָּה בְכָל־לֵב׃
הַדְרִיכֵנִי בִּנְתִיב מִצְוֺתֶיךָ כִּי־בוֹ חָפָצְתִּי׃
הַט־לִבִּי אֶל־עֵדְוֺתֶיךָ וְאַל אֶל־בָּצַע׃
הַעֲבֵר עֵינַי מֵרְאוֹת שָׁוְא בִּדְרָכֶךָ חַיֵּנִי׃
הָקֵם לְעַבְדְּךָ אִמְרָתֶךָ אֲשֶׁר לְיִרְאָתֶךָ׃
הַעֲבֵר חֶרְפָּתִי אֲשֶׁר יָגֹרְתִּי כִּי מִשְׁפָּטֶיךָ טוֹבִים׃
הִנֵּה תָּאַבְתִּי לְפִקֻּדֶיךָ בְּצִדְקָתְךָ חַיֵּנִי׃

MEMORIAL PRAYER

אֵנָּא O Lord and King, full of compassion, God of the spirits of all flesh, in whose hand are the souls of the living and the dead, receive, we pray You, in Your great love the soul of

For a man, say:

(*name* son of *father's name*) who has been gathered to his people. Have mercy on him, pardon all his transgressions, for there is no one *Eccl. 7*
so righteous on earth as to have done only good and never sinned. Remember the righteousness that he did, and let his reward be with him, his recompense before him. O shelter his soul in the shadow of Your wings. Make known to him the path of life. In Your presence is fullness of joy, at Your right hand bliss for evermore. Bestow upon him the great goodness that is stored up for the righteous.

For a woman, say:

(*name* daughter of *father's name*) who has been gathered to her people. Have mercy on her, pardon all her transgressions, for there is no one *Eccl. 7*
so righteous on earth as to have done only good and never sinned. Remember the righteousness that she did, and let her reward be with her, her recompense before her. O shelter her soul in the shadow of Your wings. Make known to her the path of life. In Your presence is fullness of joy, at Your right hand bliss for evermore. Bestow upon her the great goodness that is stored up for the righteous.

For a boy, say:

(*name* son of *father's name*) who has been gathered to his people. Remember the righteousness that he did, and let his reward be with him, his recompense before him. O shelter his soul in the shadow of Your wings. Make known to him the path of life. In Your presence is fullness of joy, at Your right hand bliss for evermore. Bestow upon him the great goodness that is stored up for the righteous.

For a girl, say:

(*name* daughter of *father's name*) who has been gathered to her people. Remember the righteousness that she did, and let her reward be with her, her recompense before her. O shelter her soul in the shadow of Your wings. Make known to her the path of life. In Your presence is fullness of joy, at Your right hand bliss for evermore. Bestow upon her the great goodness that is stored up for the righteous.

אזכרה

אָנָּא יהוה מֶלֶךְ מָלֵא רַחֲמִים, אֱלֹהֵי הָרוּחוֹת לְכָל בָּשָׂר, אֲשֶׁר בְּיָדְךָ נַפְשׁוֹת הַחַיִּים וְהַמֵּתִים, אָנָּא קַבֵּל בְּחַסְדְּךָ הַגָּדוֹל אֶת נִשְׁמַת

For a man, say:

(פלוני בֶּן פלוני) אֲשֶׁר נֶאֱסַף אֶל עַמָּיו. חוּס וַחֲמֹל עָלָיו, סְלַח וּמְחַל
לְכָל פְּשָׁעָיו. כִּי אָדָם אֵין צַדִּיק בָּאָרֶץ, אֲשֶׁר יַעֲשֶׂה־טּוֹב וְלֹא קהלת ז
יֶחֱטָא: זְכֹר לוֹ צִדְקָתוֹ אֲשֶׁר עָשָׂה, וִיהִי שְׂכָרוֹ אִתּוֹ, וּפְעֻלָּתוֹ לְפָנָיו.
אָנָּא הַסְתֵּר אֶת נִשְׁמָתוֹ בְּצֵל כְּנָפֶיךָ, הוֹדִיעֵהוּ אֹרַח חַיִּים, שֹׂבַע שְׂמָחוֹת אֶת פָּנֶיךָ, נְעִימוֹת בִּימִינְךָ נֶצַח, וְתַשְׁפִּיעַ לוֹ מֵרֹב טוּב הַצָּפוּן לַצַּדִּיקִים.

For a woman, say:

(פלונית בַּת פלוני) אֲשֶׁר נֶאֶסְפָה אֶל עַמֶּיהָ. חוּס וַחֲמֹל עָלֶיהָ, סְלַח
וּמְחַל לְכָל פְּשָׁעֶיהָ. כִּי אָדָם אֵין צַדִּיק בָּאָרֶץ, אֲשֶׁר יַעֲשֶׂה־טּוֹב וְלֹא קהלת ז
יֶחֱטָא: זְכֹר לָהּ צִדְקָתָהּ אֲשֶׁר עָשְׂתָה, וִיהִי שְׂכָרָהּ אִתָּהּ, וּפְעֻלָּתָהּ לְפָנֶיהָ. אָנָּא הַסְתֵּר אֶת נִשְׁמָתָהּ בְּצֵל כְּנָפֶיךָ, הוֹדִיעֶהָ אֹרַח חַיִּים, שֹׂבַע שְׂמָחוֹת אֶת פָּנֶיךָ, נְעִימוֹת בִּימִינְךָ נֶצַח, וְתַשְׁפִּיעַ לָהּ מֵרֹב טוּב הַצָּפוּן לַצַּדִּיקִים.

For a boy, say:

(פלוני בֶּן פלוני) אֲשֶׁר נֶאֱסַף אֶל עַמָּיו. זְכֹר לוֹ צִדְקָתוֹ אֲשֶׁר עָשָׂה, וִיהִי שְׂכָרוֹ אִתּוֹ, וּפְעֻלָּתוֹ לְפָנָיו. אָנָּא הַסְתֵּר אֶת נִשְׁמָתוֹ בְּצֵל כְּנָפֶיךָ, הוֹדִיעֵהוּ אֹרַח חַיִּים, שֹׂבַע שְׂמָחוֹת אֶת פָּנֶיךָ, נְעִימוֹת בִּימִינְךָ נֶצַח, וְתַשְׁפִּיעַ לוֹ מֵרֹב טוּב הַצָּפוּן לַצַּדִּיקִים.

For a girl, say:

(פלונית בַּת פלוני) אֲשֶׁר נֶאֶסְפָה אֶל עַמֶּיהָ. זְכוֹר לָהּ צִדְקָתָהּ אֲשֶׁר עָשְׂתָה, וִיהִי שְׂכָרָהּ אִתָּהּ, וּפְעֻלָּתָהּ לְפָנֶיהָ. אָנָּא הַסְתֵּר אֶת נִשְׁמָתָהּ בְּצֵל כְּנָפֶיךָ, הוֹדִיעֶהָ אֹרַח חַיִּים, שֹׂבַע שְׂמָחוֹת אֶת פָּנֶיךָ, נְעִימוֹת בִּימִינְךָ נֶצַח, וְתַשְׁפִּיעַ לָהּ מֵרֹב טוּב הַצָּפוּן לַצַּדִּיקִים.

As it is written, "How great is Your goodness which You have stored up for those who revere You, which You bestow on those that trust in You before the children of men." *Ps. 31*

אָנָּא May the LORD who heals the brokenhearted and binds up their wounds, grant consolation to the mourners.

For a young boy, add:

May the death of this boy
mark the end of all anguish and sorrow for his parents.

For a young girl, add:

May the death of this girl
mark the end of all anguish and sorrow for her parents.

If the mourners have children, add the words in parentheses:

חַזְּקֵם Strengthen and support them in the day of their sadness and grief; and remember them (and their children) for a long and good life. Put into their hearts love and reverence for You, so that they may serve You with a perfect heart; and let their end be peace. Amen.

כְּאִישׁ As a mother comforts her son, *Is. 66*
so will I comfort you;
and in Jerusalem you shall find comfort.
Your sun shall no more set, *Is. 60*
your moon shall no more withdraw itself,
for the LORD shall be your everlasting light,
and your days of mourning shall be ended.
He will destroy death for ever; *Is. 25*
and the LORD God will wipe away the tears from all faces,
and remove the reproach of His people from the whole earth;
for the LORD has spoken it.

כְּמוֹ שֶׁכָּתוּב: מָה רַב טוּבְךָ אֲשֶׁר־צָפַנְתָּ לִּירֵאֶיךָ, פָּעַלְתָּ לַחוֹסִים בָּךְ נֶגֶד בְּנֵי אָדָם: תהלים לא

אָנָּא יהוה, הָרוֹפֵא לִשְׁבוּרֵי לֵב וּמְחַבֵּשׁ לְעַצְּבוֹתָם, שַׁלֵּם נִחוּמִים לָאֲבֵלִים.

For a young boy, add:

וּתְהִי פְּטִירַת הַיֶּלֶד הַזֶּה קֵץ לְכָל צָרָה וְצוּקָה לְאָבִיו וּלְאִמּוֹ.

For a young girl, add:

וּתְהִי פְּטִירַת הַיַּלְדָּה הַזֹּאת קֵץ לְכָל צָרָה וְצוּקָה לְאָבִיהָ וּלְאִמָּהּ.

If the mourners have children, add the words in parentheses:

חַזְּקֵם וְאַמְּצֵם בְּיוֹם אֶבְלָם וִיגוֹנָם, וְזָכְרֵם (וּזְכֹר אֶת בְּנֵי בֵיתָם) לְחַיִּים טוֹבִים וַאֲרֻכִּים. תֵּן בְּלִבָּם יִרְאָתְךָ וְאַהֲבָתְךָ לְעָבְדְךָ בְּלֵבָב שָׁלֵם, וּתְהִי אַחֲרִיתָם שָׁלוֹם, אָמֵן.

כְּאִישׁ אֲשֶׁר אִמּוֹ תְּנַחֲמֶנּוּ ישעיה סו
כֵּן אָנֹכִי אֲנַחֶמְכֶם
וּבִירוּשָׁלַםִ תְּנֻחָמוּ:
לֹא־יָבוֹא עוֹד שִׁמְשֵׁךְ, וִירֵחֵךְ לֹא יֵאָסֵף ישעיה ס
כִּי יהוה יִהְיֶה־לָּךְ לְאוֹר עוֹלָם
וְשָׁלְמוּ יְמֵי אֶבְלֵךְ:
בִּלַּע הַמָּוֶת לָנֶצַח ישעיה כה
וּמָחָה אֲדֹנָי יֱהֹוִה דִּמְעָה מֵעַל כָּל־פָּנִים
וְחֶרְפַּת עַמּוֹ יָסִיר מֵעַל כָּל־הָאָרֶץ
כִּי יהוה דִּבֵּר:

MOURNER'S KADDISH

The following prayer, said by mourners, requires the presence of a minyan.
A transliteration can be found on page 60.

Mourner: יִתְגַּדַּל Magnified and sanctified
may His great name be,
in the world He created by His will.
May He establish His kingdom
in your lifetime and in your days,
and in the lifetime of all the house of Israel,
swiftly and soon –
and say: Amen.

All: May His great name be blessed for ever and all time.

Mourner: Blessed and praised,
glorified and exalted,
raised and honored,
uplifted and lauded
be the name of the Holy One,
blessed be He,
beyond any blessing,
song, praise and consolation
uttered in the world –
and say: Amen.

May there be great peace from heaven,
and life for us and all Israel –
and say: Amen.

Bow, take three steps back, as if taking leave of the Divine Presence,
then bow, first left, then right, then center, while saying:

May He who makes peace in His high places,
make peace for us and all Israel –
and say: Amen.

קדיש יתום

The following prayer, said by mourners, requires the presence of a מנין.
A transliteration can be found on page 60.

A transliteration can be found on page 60.

אבל: יִתְגַּדַּל וְיִתְקַדַּשׁ שְׁמֵהּ רַבָּא (קהל: אָמֵן)
בְּעָלְמָא דִּי בְרָא כִרְעוּתֵהּ
וְיַמְלִיךְ מַלְכוּתֵהּ
בְּחַיֵּיכוֹן וּבְיוֹמֵיכוֹן וּבְחַיֵּי דְכָל בֵּית יִשְׂרָאֵל
בַּעֲגָלָא וּבִזְמַן קָרִיב, וְאִמְרוּ אָמֵן. (קהל: אָמֵן)

קהל ואבל: יְהֵא שְׁמֵהּ רַבָּא מְבָרַךְ לְעָלַם וּלְעָלְמֵי עָלְמַיָּא.

אבל: יִתְבָּרַךְ וְיִשְׁתַּבַּח וְיִתְפָּאַר
וְיִתְרוֹמַם וְיִתְנַשֵּׂא וְיִתְהַדָּר וְיִתְעַלֶּה וְיִתְהַלָּל
שְׁמֵהּ דְּקֻדְשָׁא בְּרִיךְ הוּא (קהל: בְּרִיךְ הוּא)
לְעֵלָּא מִן כָּל בִּרְכָתָא
/ בעשרת ימי תשובה: לְעֵלָּא לְעֵלָּא מִכָּל בִּרְכָתָא/
וְשִׁירָתָא, תֻּשְׁבְּחָתָא וְנֶחֱמָתָא
דַּאֲמִירָן בְּעָלְמָא, וְאִמְרוּ אָמֵן. (קהל: אָמֵן)

יְהֵא שְׁלָמָא רַבָּא מִן שְׁמַיָּא
וְחַיִּים, עָלֵינוּ וְעַל כָּל יִשְׂרָאֵל, וְאִמְרוּ אָמֵן. (קהל: אָמֵן)

Bow, take three steps back, as if taking leave of the Divine Presence, then bow, first left, then right, then center, while saying:

עֹשֶׂה שָׁלוֹם/ בעשרת ימי תשובה: הַשָּׁלוֹם/ בִּמְרוֹמָיו
הוּא יַעֲשֶׂה שָׁלוֹם עָלֵינוּ וְעַל כָּל יִשְׂרָאֵל
וְאִמְרוּ אָמֵן. (קהל: אָמֵן)

GOD, FULL OF MERCY

For a male close relative:

אֵל מָלֵא רַחֲמִים God, full of mercy, who dwells on high, grant fitting rest on the wings of the Divine Presence, in the heights of the holy and the pure who shine like the radiance of heaven, to the soul of (*name* son of *father's name*) who has gone to his eternal home, and to this I pledge (without formal vow) to give charity in his memory, may his resting place be in the Garden of Eden. Therefore, Master of compassion, shelter him in the shadow of Your wings forever and bind his soul in the bond of everlasting life. The LORD is his heritage; may he rest in peace, and let us say: Amen.

For a female close relative:

אֵל מָלֵא רַחֲמִים God, full of mercy, who dwells on high, grant fitting rest on the wings of the Divine Presence, in the heights of the holy and the pure who shine like the radiance of heaven, to the soul of (*name* daughter of *father's name*) who has gone to her eternal home, and to this I pledge (without formal vow) to give charity in her memory, may her resting place be in the Garden of Eden. Therefore, Master of compassion, shelter her in the shadow of Your wings forever and bind her soul in the bond of everlasting life. The LORD is her heritage; may she rest in peace, and let us say: Amen.

For the Holocaust victims:

אֵל מָלֵא רַחֲמִים God, full of mercy, Justice of widows and Father of orphans, please do not be silent and hold Your peace for the blood of Israel that was shed like water. Grant fitting rest on the wings of the Divine Presence, in the heights of the holy and the pure who shine and radiate light like the radiance of heaven, to the souls of the millions of Jews, men, women and children, who were murdered, slaughtered, burned, strangled, and buried alive, in the lands touched by the German enemy and its followers. They were all holy and pure; among them were great scholars and righteous individuals, cedars of Lebanon and noble masters of Torah, may the Garden of Eden be their resting place. Therefore, Master of compassion, shelter them in the shadow of Your wings forever, and bind their souls in the bond of everlasting life. The LORD is their heritage; may they rest in peace, and let us say: Amen.

אל מלא רחמים

For a male close relative:

אֵל מָלֵא רַחֲמִים, שׁוֹכֵן בַּמְּרוֹמִים, הַמְצֵא מְנוּחָה נְכוֹנָה עַל כַּנְפֵי הַשְּׁכִינָה, בְּמַעֲלוֹת קְדוֹשִׁים וּטְהוֹרִים, כְּזֹהַר הָרָקִיעַ מַזְהִירִים, לְנִשְׁמַת (פלוני בֶּן פלוני) שֶׁהָלַךְ לְעוֹלָמוֹ, בַּעֲבוּר שֶׁבְּלִי נֶדֶר אֶתֵּן צְדָקָה בְּעַד הַזְכָּרַת נִשְׁמָתוֹ, בְּגַן עֵדֶן תְּהֵא מְנוּחָתוֹ. לָכֵן, בַּעַל הָרַחֲמִים יַסְתִּירֵהוּ בְּסֵתֶר כְּנָפָיו לְעוֹלָמִים, וְיִצְרֹר בִּצְרוֹר הַחַיִּים אֶת נִשְׁמָתוֹ, יהוה הוּא נַחֲלָתוֹ, וְיָנוּחַ בְּשָׁלוֹם עַל מִשְׁכָּבוֹ, וְנֹאמַר אָמֵן.

For a female close relative:

אֵל מָלֵא רַחֲמִים, שׁוֹכֵן בַּמְּרוֹמִים, הַמְצֵא מְנוּחָה נְכוֹנָה עַל כַּנְפֵי הַשְּׁכִינָה, בְּמַעֲלוֹת קְדוֹשִׁים וּטְהוֹרִים, כְּזֹהַר הָרָקִיעַ מַזְהִירִים, לְנִשְׁמַת (פלונית בַּת פלוני) שֶׁהָלְכָה לְעוֹלָמָהּ, בַּעֲבוּר שֶׁבְּלִי נֶדֶר אֶתֵּן צְדָקָה בְּעַד הַזְכָּרַת נִשְׁמָתָהּ, בְּגַן עֵדֶן תְּהֵא מְנוּחָתָהּ. לָכֵן, בַּעַל הָרַחֲמִים יַסְתִּירֶהָ בְּסֵתֶר כְּנָפָיו לְעוֹלָמִים, וְיִצְרֹר בִּצְרוֹר הַחַיִּים אֶת נִשְׁמָתָהּ, יהוה הוּא נַחֲלָתָהּ, וְתָנוּחַ בְּשָׁלוֹם עַל מִשְׁכָּבָהּ, וְנֹאמַר אָמֵן.

For the Holocaust victims:

אֵל מָלֵא רַחֲמִים, דַּיַּן אַלְמָנוֹת וַאֲבִי יְתוֹמִים, אַל נָא תֶחֱשֶׁה וְתִתְאַפַּק לְדַם יִשְׂרָאֵל שֶׁנִּשְׁפַּךְ כַּמָּיִם. הַמְצֵא מְנוּחָה נְכוֹנָה עַל כַּנְפֵי הַשְּׁכִינָה, בְּמַעֲלוֹת קְדוֹשִׁים וּטְהוֹרִים, כְּזֹהַר הָרָקִיעַ מְאִירִים וּמַזְהִירִים, לְנִשְׁמוֹתֵיהֶם שֶׁל רִבְבוֹת אַלְפֵי יִשְׂרָאֵל, אֲנָשִׁים וְנָשִׁים, יְלָדִים וִילָדוֹת, שֶׁנֶּהֶרְגוּ וְנִשְׁחֲטוּ וְנִשְׂרְפוּ וְנֶחְנְקוּ וְנִקְבְּרוּ חַיִּים, בַּאֲרָצוֹת אֲשֶׁר נָגְעָה בָּהֶן יַד הַצּוֹרֵר הַגֶּרְמָנִי וּגְרוּרָיו. כֻּלָּם קְדוֹשִׁים וּטְהוֹרִים, וּבָהֶם גְּאוֹנִים וְצַדִּיקִים, אַרְזֵי הַלְּבָנוֹן אַדִּירֵי הַתּוֹרָה. בְּגַן עֵדֶן תְּהֵא מְנוּחָתָם. לָכֵן, בַּעַל הָרַחֲמִים יַסְתִּירֵם בְּסֵתֶר כְּנָפָיו לְעוֹלָמִים, וְיִצְרֹר בִּצְרוֹר הַחַיִּים אֶת נִשְׁמָתָם, יהוה הוּא נַחֲלָתָם, וְיָנוּחוּ בְּשָׁלוֹם עַל מִשְׁכְּבָם, וְנֹאמַר אָמֵן.

For the Israeli soldiers:

אֵל מָלֵא רַחֲמִים God, full of mercy, who dwells on high, grant fitting rest on the wings of the Divine Presence, in the heights of the holy, the pure and the brave, who shine like the radiance of heaven, to the souls of the holy ones who fought in any of Israel's battles, in clandestine operations and in Israel's Defense Forces, who fell in battle and sacrificed their lives for the consecration of God's name, for the people and the land, and for this we pray for the ascent of their souls. Therefore, Master of compassion, shelter them in the shadow of Your wings forever, and bind their souls in the bond of everlasting life. The Lord is their heritage; may the Garden of Eden be their resting place, may they rest in peace, may their merit stand for all Israel, and may they receive their reward at the End of Days, and let us say: Amen.

For fallen service members of other armed forces:

אֵל מָלֵא רַחֲמִים God on High and in our Hearts: Grant reassuring peace beneath the cover of Your Presence to all the men and women who gave their lives in defense of our country and the freedom of the world. Shelter them among the righteous souls who are as radiant as the luminous firmament. Source of Compassion, may we continue to feel their touch on our souls. Hasten the day when peace and security shall prevail, when nation shall not lift up sword against nation, and there shall be no need to prepare for war. May the day come when the world will stand together as one. May the memory of our fallen brothers and sisters serve as an inspiration to us and as a comfort to all their loved ones. Amen.

For the Israeli soldiers:

אֵל מָלֵא רַחֲמִים, שׁוֹכֵן בַּמְּרוֹמִים, הַמְצֵא מְנוּחָה נְכוֹנָה עַל כַּנְפֵי הַשְּׁכִינָה, בְּמַעֲלוֹת קְדוֹשִׁים טְהוֹרִים וְגִבּוֹרִים, כְּזֹהַר הָרָקִיעַ מַזְהִירִים, לְנִשְׁמוֹת הַקְּדוֹשִׁים שֶׁנִּלְחֲמוּ בְּכָל מַעַרְכוֹת יִשְׂרָאֵל, בַּמַּחְתֶּרֶת וּבִצְבָא הַהֲגָנָה לְיִשְׂרָאֵל, וְשֶׁנָּפְלוּ בְּמִלְחַמְתָּם וּמָסְרוּ נַפְשָׁם עַל קְדֻשַּׁת הַשֵּׁם, הָעָם וְהָאָרֶץ, בַּעֲבוּר שֶׁאָנוּ מִתְפַּלְּלִים לְעִלּוּי נִשְׁמוֹתֵיהֶם. לָכֵן, בַּעַל הָרַחֲמִים יַסְתִּירֵם בְּסֵתֶר כְּנָפָיו לְעוֹלָמִים, וְיִצְרֹר בִּצְרוֹר הַחַיִּים אֶת נִשְׁמוֹתֵיהֶם, יהוה הוּא נַחֲלָתָם, בְּגַן עֵדֶן תְּהֵא מְנוּחָתָם, וְיָנוּחוּ בְשָׁלוֹם עַל מִשְׁכְּבוֹתֵיהֶם וְתַעֲמֹד לְכָל יִשְׂרָאֵל זְכוּתָם, וְיַעַמְדוּ לְגוֹרָלָם לְקֵץ הַיָּמִין, וְנֹאמַר אָמֵן.

For fallen service members of other armed forces:

אֵל מָלֵא רַחֲמִים, שׁוֹכֵן בַּמְּרוֹמִים, הַמְצֵא מְנוּחָה נְכוֹנָה עַל כַּנְפֵי הַשְּׁכִינָה, בְּמַעֲלוֹת קְדוֹשִׁים וּטְהוֹרִים כְּזֹהַר הָרָקִיעַ מַזְהִירִים, אֶת נִשְׁמוֹת אַחֵינוּ אַנְשֵׁי הַחַיִל, אֲשֶׁר הֶעֱרוּ לַמָּוֶת נַפְשָׁם בְּעַד אַרְצֵנוּ וּלְחֵרוּת הָעוֹלָם. לָכֵן בַּעַל הָרַחֲמִים הַסְתִּירֵם בְּסֵתֶר כְּנָפֶיךָ לְעוֹלָמִים, וּצְרוֹר בִּצְרוֹר הַחַיִּים אֶת נִשְׁמָתָם, וְהָיָה מַעֲשֵׂה הַצְּדָקָה שָׁלוֹם וָבֶטַח עַד־עוֹלָם. לֹא־יִשָּׂא גוֹי אֶל־גּוֹי חֶרֶב וְלֹא־יִלְמְדוּ עוֹד מִלְחָמָה: וְנִגְלָה כְּבוֹד יהוה וְרָאוּ כָל־בָּשָׂר יַחְדָּו, וּתְהִי מְנוּחָתָם כָּבוֹד. שֹׂבַע שְׂמָחוֹת אֶת־פָּנֶיךָ נְעִמוֹת בִּימִינְךָ נֶצַח, וְנֹאמַר אָמֵן.

MOURNER'S KADDISH

Mourner: Yitgadal ve-yitkadash shemeh raba. (*Cong:* Amen)
Be-alema di vera khir'uteh, ve-yamlikh malkhuteh,
be-ḥayyeikhon, uv-yomeikhon,
uv-ḥayyei de-khol beit Yisrael,
ba-agala uvi-zman kariv, ve-imru Amen. (*Cong:* Amen)

All: Yeheh shemeh raba mevarakh le'alam ul-alemei alemaya.

Mourner: Yitbarakh ve-yishtabaḥ ve-yitpa'ar ve-yitromam ve-yitnaseh
ve-yit-hadar ve-yit'aleh ve-yit-hallal
shemeh dekudsha, berikh hu. (*Cong:* Berikh hu)
Le-ela min kol birkhata
/*Between Rosh HaShana & Yom Kippur:* Le-ela le-ela mi-kol birkhata/
ve-shirata, tushbeḥata ve-neḥemata, da-amiran be-alema,
ve-imru, Amen. (*Cong:* Amen)

Yeheh shelama raba min shemaya
ve-ḥayyim aleinu ve-al kol Yisrael,
ve-imru Amen. (*Cong:* Amen)

Bow, take three steps back, as if taking leave of the Divine Presence, then bow, first left, then right, then center, while saying:

Oseh shalom/*Between Rosh HaShana & Yom Kippur:* ha-shalom/
bim-romav,
hu ya'aseh shalom aleinu, ve-al kol Yisrael,
ve-imru Amen. (*Cong:* Amen)

Memory and Meaning

Michael Scharf
Publication Trust
Yeshiva University Press
RIETS

KOREN PUBLISHERS JERUSALEM

Rabbi Norman Lamm

MEMORY AND MEANING

אל
מלא
רחמים
שוכן
במרומים

EDITED BY

Joel B. Wolowelsky

FOREWORD BY

Rabbi Lord Jonathan Sacks

The Michael Scharf Publication Trust
RIETS/YU Press
Koren Publishers Jerusalem

Dedicated in loving memory of our grandfathers

ניסים בן יוסף הכהן ז״ל *Nissim Cohen*
ישראל איסר בן אלכסנדר הלוי ז״ל *I. Edward Koppel*
ציון בן גילסום ז״ל *Sion Dabah*
גרשון בן אברהם ז״ל *Jorge Batievsky*

Our grandparents each built their homes in different countries, yet their shared loyalty to the Jewish nation, tradition, and faith brought their children & grandchildren together to live as inspired, committed Jews.

Jacklyn and Yoni Cohen and Family

Dedicated in loving memory of

Harry Ederson צבי בן יוסף ז״ל

whose ethics and wisdom continue
to shape our lives.
And in loving memory of

Jack Frieling יעקב בן יצחק ז״ל

and his family who perished
in the Shoah.
The memories endure.

Jeffrey and Sharon Frieling
Benjamin, Yoni and Rachel

He that followeth after justice and mercy;
findeth life, righteousness, and honour.
(*Proverbs 21:21*)

לזכר נשמת
Henry and Mary Steckler
הנוך בן אברהם צבי ז״ל ומירל בת אפרים פישל ז״ל
and
Hershel and Sara Arnstein
צבי בן ישראל ז״ל ושרה רבקה בת שרגא פייבוש ז״ל
whose example of Torah values and mentschlechkeit
will forever be the guiding light
for their children, grandchildren and great-grandchildren.

נְצֹר בְּנִי מִצְוַת אָבִיךָ וְאַל תִּטֹּשׁ תּוֹרַת אִמֶּךָ.
קָשְׁרֵם עַל לִבְּךָ תָמִיד.
(משלי ו כ-כא)

My son, keep thy father's commandment, and forsake not the
Torah of thy mother: bind them continually upon thy heart.
(*Proverbs 6:20–21*)

In loving memory of
Dr. Milton and Beatrice Kook
משה בן יוסף ז״ל
בתיה בת נחום בער ז״ל

Dr. Arthur and Linda Kook
Talya, Leora, Dina and Moshe

Note to the Reader

For the full Yizkor text with translation, please turn to the other end of this volume.

Contents

PASSOVER

SHAVUOT

Editor's Introduction

Joel B. Wolowelsky

These meditations on Yizkor are drawn from the treasure trove of Rabbi Norman Lamm's sermons found on Yeshiva University's Lamm Heritage website. These sermons demonstrate Rabbi Lamm's great gift as a *darshan,* his eloquent and soaring language, his clever turn of phrase that brings alive a traditional text, and his strong commitment to making halakhic Judaism relevant to his congregants. He articulated a vision of a Torah that included the human side of a full religious life: the importance of healing relationships between husband and wife, parent and child, friends and colleagues.

Over and over, Rabbi Lamm challenges his listeners to take themselves seriously and reach their full potential. For example, when presenting the great drama in which David and Jonathan are engaged that will save David from King Saul's wrath,

Rabbi Lamm draws our focus to the *naar katan*, the young archery-caddy who accompanied them and who, by running after Jonathan's arrows, signaled David that he was in danger. The lad unknowingly played an indispensable role in David's escape. "Whether we are anonymous lads, playing a supporting role in some great drama, or shabbily dressed train conductors, directly guiding the destiny of hundreds of fellow-passengers through life," Rabbi Lamm challenges us, "we must be aware of our importance in the eyes of God and those who shall come after us."

On Yom Kippur, he reminds us, we acknowledge that God knows "the innermost chambers of man's consciousness" and immediately say "now, therefore, forgive me all my sins." "Therefore" seems out of place, says Rabbi Lamm. How does it follow logically?

> And yet we rightly feel, intuitively, that there is truth in this prayer. It clutches the core of our consciousness, it reveals to us something of which we are but dimly aware, it strikes a resonant chord in the very depths of our hearts. For it tells me that my real "me" – my true self and identity – is not puerile and serpentine, but pure and spiritual. It consists not of lust and coarseness, but of loving-kindness; it is not, if we be permitted the expression, the "Id," but the "Yid." The real person certainly possesses elements of the diabolical and the vicious; but his inner self, which he must strive all his life to realize, is the spark of God, indeed an image of God.

Yizkor, Rabbi Lamm notes, is not simply a time for remembering those who are no longer with us.

> As we recite Yizkor, we affirm that each individual is the immortal concern of the eternal Creator; that everyone possesses vast spiritual potentialities that make him worthy of forgiveness; and that we each are endowed with the power to employ our distinctiveness, our uniqueness, in ushering in the age of redemption for Israel and for all the world....
>
> No feverish activity can change the past. No intense motions can show our love and our longing and our residual pain. We just utter a few words – and in the silent privacy of our own hearts offer a prayer and reunite in stillness with our cherished memories.
>
> This wordless rendezvous with the past, with our roots, with our parents and our loved ones, can only enlarge and refine us – and teach us the lesson of faith, the silence out of which the Torah was given and in which it must be received. In the opening words of the *haftara*: "The Lord is in Holy Temple; keep silent before Him all the earth" (Hab. 2:20).

Many of Rabbi Lamm's sermons have already been collected and published in *Festivals of Faith* (edited by David Shatz), the five-volume *Derashot LeDorot* (edited by Stuart W. Halpern), and *The Royal Table Passover Haggadah* and *The Megillah: Majesty and Mystery* (which I edited). None of those are repeated here (other than the two meditations for the Yizkor of Shemini Atzeret). The titles of the individual meditations are those originally used by Rabbi Lamm. I proposed the title to the volume as a whole and Rabbi Lamm graciously agreed. The sermons were lightly edited, some missing sources added, and the financial

Yizkor appeals and some "current event" side comments in the original sermons were not included here. All but one of the sermons were delivered at The Jewish Center in New York between 1965 and 1975. The exception is "Those Who Live and Those Who Die," which was delivered in 1955 at the Kodimoh Congregation in Springfield, MA, where Rabbi Lamm was rabbi before taking on the rabbinic leadership of The Jewish Center in 1958. The meditations are presented here in chronological order, grouped by holiday. Alas, Yizkor for the Lamm family now includes remembering Rabbi and Mrs. Lamm's daughter Sara, and a eulogy for her by her husband, Rabbi Mark Dratch, Executive Vice President of the Rabbinical Council of America, is included here.

It is a pleasure to thank Rabbi Lord Jonathan Sacks for his heartfelt and eloquent foreword.

It has been a personally enriching experience to be associated in some way with Rabbi Lamm these many decades. When I was a university student and a member of the National Executive Board of Yavneh, the Religious Jewish Students Association, Rabbi Lamm was on the National Advisory Board, and I got to see firsthand his willingness to invest in student leaders, giving them the resources to grow, learn, and contribute. My continued involvement on the Steering Committee of the Orthodox Forum, the "think-tank" Rabbi Lamm conceived and convened, provided the opportunity to further appreciate his ability to focus on, articulate, and address critical issues in our community. More recently, editing his *The Royal Table Passover Haggadah*, *The Megillah: Majesty and Mystery*, and now this present volume has brought added appreciation of his contribution as a towering representative of halakhic Judaism, and of his ability to interpret

traditional Judaism with an eloquence and richness that speaks to modern readers in an authentic and sensitive voice. May he continue to enrich our community *ad me'ah ve'esrim* in good health and vigor.

Foreword

Rabbi Lord Jonathan Sacks

In 1968, as a young philosophy student, I had traveled from England to America in search of Jewish thinkers to strengthen my faith and enlarge my horizons. One of those thinkers already famous was Rabbi Norman Lamm, a congregational rabbi, not yet the president of, but already a distinguished teacher at Yeshiva University. Not having prearranged a meeting, and relying on a combination of serendipity and chutzpa, I simply went to his synagogue, The Jewish Center, and asked to see him. There was no conceivable reason why he should have spent any time with me, an unknown student from three thousand miles away with whom he had no connection. But Rabbi Lamm took me, a total stranger, into his office, and for more than an hour we had a deep conversation about Judaism, the challenges that faced the Jewish world, especially modern Orthodoxy, and most importantly, the contributions our faith had to make to the society around us.

To this day, Rabbi Dr. Norman Lamm remains a superlative writer, speaker, thinker, and teacher. He is a man who unflinchingly carried the banner of *Torah umadda,* sometimes in the face of attacks from left and from right. Throughout his remarkable life and career, he has passionately argued for a Judaism that is deeply connected both to its heritage and to the world.

This collection of his insightful and inspiring meditations on Yizkor is yet another example that confirms his position as a great *talmid ḥakham* of his generation. In reading it, one learns about the importance of the past, but more important still, what that past teaches us about how to build a brighter future, for *Am Yisrael* and the world.

For me, above all else, he will forever remain a man whose kindness, all those years ago, changed my life.

In memory of

Sara Lamm Dratch

שרה רבקה בת הרב נחום ומינדל לאם ע״ה

Beloved daughter, mother, wife, sister and aunt

ת נ צ ב ה

A Hesped for Sara Lamm Dratch, z"l

Mark Dratch

"The Jews had light and gladness, and joy and honor"

Although the days of Adar are days of *simḥa* and *hallel*, days of rejoicing and praise, this month is one of *nahafokh hu*, a month turned topsy-turvy. It is a month that has been transformed for us *mesimḥa leyagon*, from rejoicing to anguish, *meyom tov le'avel*, from holiday to mourning, pain, suffering, and sorrow.

The Gemara (Taanit 29a) tells us that *mishenikhnas Adar*, when the month of Adar comes, *marbim besimḥa*, we increase joy. Its parallel is that during that terrible month of Av when we commemorate the destruction of the Temples we decrease joy, *memaatim besimḥa*. The Gerrer Rebbe has a unique interpretation of *memaatim besimḥa*. He suggests that it means that when the month of Av comes *memaatim hatzarot besimḥa*, we decrease the trouble, the sadness, through happiness. Only a Hassidic Rebbe could say that, and only a Sara could live it.

The name of the month in which we are *marbim besimḥa* is Adar, a word that means many things. The word in ancient Akkadian actually means *ḥoshekh*, darkness. Thus we might suggest a novel interpretation. When Adar descends, when darkness comes, we fight off the darkness with joy. That was Sara.

Our life was often not easy. During the thirty years we shared together, we faced some very challenging and difficult challenges. But Sara met them all with *simḥa*. Not just joy, but *marbim besimḥa*; she made life big, expansive, lively. She made life enormous with her big laugh, her big meals, her big glasses, her big costumes, and her big pins. *Marbim besimḥa* in times of happiness, but especially in times of darkness.

I have met with some success in my professional career, but all of it is really due to Sara. By nature, although I am a public person, I am somewhat shy and quiet. It was Sara who made friends. It was Sara who made people feel warm. It was Sara who connected with them at a Kiddush. It was Sara who connected with them in our home. It was Sara who connected with them in the community. Once in a while, when I would run errands in the neighborhood to the pharmacy or the cleaners or the grocery store, the person behind the counter would say, "Why didn't your wife come?" They all looked forward to seeing her.

It was natural for her in many ways, but it wasn't always easy. Sara told me on a number of occasions, "You know, I'm tired. I'm tired of making everyone happy. I'm tired of being the fun person. You try it for a while." But I could never do it. I could never sing like she could – she often told me to sit quietly and listen. I couldn't make people smile and laugh no matter how hard I tried – but she could.

I met Sara in Camp Morasha. She was practically born there and spent almost every summer of her life there. We even have the T-shirts to prove it. It was the year that I was a Division Head and Sara was on the Water Front. Every Friday, Mrs. Siff would go around asking campers and staff various questions and record their answers on the back page of the *Shalhevet*, the camp newspaper. The first Shabbat she asked, "What do you want to accomplish this summer?" I told her, "Find my *bashert*!" I saw her the next week and I told her, "I don't care what the question is, just write 'Find my *bashert*.'" For eight weeks, whatever the question was, she wrote, "Mark Dratch, Division Head, find my *bashert*." And we met. And from that point on Morasha has been an important part of our lives. I even thought that in place of reciting *tehillim* today we should actually sing *Anu Benei Morasha*. We spent many summers at Morasha, I as Camp Rabbi, Sara on the Water Front. Sara as Sara.

Once, when she was young and still living at home, Abba Eban called on the phone. Her father was known to play tricks and to assume various voices and accents, and Sara thought that it wasn't really Abba Eban calling but her father. Eban had a very unique voice and accent, which Sara went on to imitate – for about a minute and a half until she realized that there were no other lights lit on any other extensions!

Years later, there was the time that we were privileged to be invited to the White House for the annual Chanukah reception for Jewish leadership. Sara and I went to meet George and Laura Bush. The way it works, really, is that you stand in line for about three hours waiting for your ten-second photo op with the president and the First Lady. I was standing there the whole

time trying to formulate just the right words that would change the course of world history or solve the Israeli-Arab conflict in the ten seconds that I was to have with them. I thought I had something formulated…and as we were walking toward the Bushes, Sara looked at them and said, "You guys must be so tired. You have been standing there for hours. Your feet must be killing you." The president turned to his wife and said, "I like that lady. She's funny." I said not one word. And world history has not changed!

Most important was Sara as a wife, mother, daughter, sister, aunt, cousin and friend. She made life fun for our kids, whether it was laughing and singing and dancing at Havdala with our dog, or decorating the sukka with dead rubber chickens, or decorating the house for Thanksgiving. Whatever and whenever it was, life needed to be fun and warm.

And with all that, she was protective. When it came to her children, she was fierce. She was an advocate for her children. And with some of the challenges that we had, we overcame those challenges only because Sara never took no for an answer and never accepted reality for what it was. She worked assiduously to create what could be. And she amazed me and she amazed so many people. She brought out the best in each and every one of our children. She loves each and every one of them. When Sara got sick, the first thing she said to me (besides "Give Chaye my fabrics") was "I have babies. But I have babies. And who is going to take care of my babies?"

Sara loved her parents. She spoke to her mother at least ten times a day. When the phone rang I always knew exactly who it was. I just handed it to her without answering it and said, "Your mother's on the line." I think Dad did the same

at their house as well. They have been wonderful parents to me during these thirty years. The privilege of being their son and the beneficiary of their unending kindnesses, their help, and their encouragement can never be repaid.

Her siblings and their spouses are brothers and sisters to me. How fortunate we were to move to West Hempstead and live on top of each other, and spend time – lots of time – together, and still wind up liking each other. There is not a time in which we get together in which there is not laughing – lots of laughing – and singing, and support and encouragement. She loved passionately her nieces and nephews, and she received from them great love in return. Her cousins were her friends.

Under the *ḥuppa,* when my father-in-law spoke, he gave me the best piece of advice I was ever to receive. He cited the biblical verse (Gen. 21:12), "Everything that Sara says to you, heed her voice." And I did and I thank him for that.

The Gemara teaches that "any man who has no wife is left without *simḥa,* without *berakha,* without *tova*" (Yevamot 62b). Even without Sara, I am blessed because I have a Bracha and I have a Tova, and I have a Yolly, and I have a Sam. But I am without *simḥa.*

Mishenikhnas Adar, as the darkness of life without Sara begins, as this unfillable void comes, let's learn from Sara: *marbim besimḥa,* we fight it with joy, we fight it with smiles, we fight it with song, we fight it with happiness. That's what she would want from us. That's what she taught us. And that is what we are going to do. She taught us that lesson. She gave us that blessing to be able to deal with this very, very hard time.

The Megilla says, "The Jews had light and gladness, and joy and honor" (Est. 8:16). That was Sara.

יום כיפור
Yom Kippur

Everybody Is a Somebody

I would like to center my message to you this morning on a story which apparently has nothing to do with Yom Kippur, but which in fact captures the whole essence of this sacred day. It is an episode in the life of King David that we normally read in the synagogue as the *haftara* for the Shabbat before Rosh Ḥodesh.

The incident took place in the time when King Saul, the first king of Israel, was half-crazed by jealousy of the young hero David, whose popularity he considered a threat to his throne. Saul was so embittered at David that he wanted to kill him. David did not know whether or not it was safe for him to appear in the palace and whether or not to flee. Now, the eldest son of Saul and heir-apparent to the throne was Jonathan, who was the dearest friend of David. Torn between loyalty to his royal father and affection for his cherished friend, Jonathan was ultimately

to give up his own claim to the throne in order to allow David to become the successor to his father, King Saul.

At a particularly critical period, David asks Jonathan what to do. Jonathan tells him that he will sound out his father and see if he really intends to harm David. "Meanwhile," says Jonathan, "go into hiding. Tomorrow, after the Rosh Ḥodesh feast in the palace, I will come out into the field ostensibly to practice my archery. You hide behind the big stone, David, and wait there. I will have with me a *naar katan,* a boy or servant. I will shoot three arrows in your direction and send the boy after them. If I shoot the arrows so that they fall short of where you are, you will know that all is well, and you can come out of hiding. But if I shoot them beyond where you are hiding, then that is the signal that my father seeks to destroy you, and you must quickly flee in order to save your life. Keep your eye on the boy, to see where the arrows fall."

In the palace that next day, things did not go well. Saul created a terrible scene in which he accused Jonathan of plotting with David, and he condemned David to death as a traitor. So Jonathan left and he took the young boy with him. He aimed his arrows well beyond where David was secretly stationed. He called to the boy and said, "Go farther, hurry, the arrow is still farther on." When David saw the lad running, he knew the bad news. Only David and Jonathan knew the meaning of all this; the lad knew nothing. And so David and Jonathan bade each other farewell, and David went into hiding, to emerge eventually as the man upon whose head was placed the crown of Israel.

Such is the beautiful story of a noble friendship in a time when our nation was young. Yet the moral of loyalty is not the

reason I have chosen to repeat it to you this morning. My reason is quite different. Allow me to explain.

Yom Kippur seems to impose an impossible burden upon us. By bidding us to confess to our sins, as we do when we recite the *al ḥet* and the *ashamnu,* the Jewish tradition drives home the awesome theme of responsibility. We are responsible for every one of our moral and ethical failings. We are responsible for the neglect of Torah and Judaism. We are responsible too for the low spiritual and moral estate of our families. Even more, we are in some measure responsible for the sins of society: for the Bomb and its threat of mass-death, for the corruption that festers in government and in business, for the filth that inundates our libraries and newsstands and theaters, for lethal dust that chokes our children, for brutality in Vietnam.

What a huge load to carry! In defense we sometimes feel like saying: *Ribbono shel Olam*! What do You want from us? We are humble people. We work as hard and as honestly as we can just to keep our families going and leave something for the children. We are not famous, we have no great power, we are not in authority. If You have complaints about the Bomb, talk to the famous physicists and engineers and the international diplomats. Corruption? Speak to the president and the judges and the heads of the great corporations. Immorality? Address yourself to the giant publishers and attorneys general and movie magnates. But we are without influence to change the course of events. We are small people. We may make some money, but can have no lasting effect on our own destinies, let alone that of the world. We can do nothing.

If that thought has occurred to you, friends, as a way out of the terrible responsibility urged on us by Yom Kippur; if you

have had the feeling that we are just numbers, just puny statistics, just a series of holes punched on an IBM card, just helpless and anonymous blobs of protoplasm, pushed and pulled and crowded by the impersonal forces of society and nature; if you have concluded that life nowadays is such that you, as the "ordinary" man or woman, can do nothing about the really great and momentous issues in the world in general and in the Jewish community in particular; if, in other words, you are willing to proclaim your irresponsibility and to issue a declaration of impotence – then the story of David and Jonathan sharply reminds you that such excuses are not only unbecoming and undignified and un-Jewish, but false and malicious!

Remember that in the biblical story of David and Jonathan there are not two but three main characters. Remember that not only the noble and loyal Prince Jonathan is important, and not only the young David, who is to ascend the throne and change Jewish history forever. The *naar katan*, the young lad, the ignorant boy who knew nothing of the great drama in which he was taking part – he too is a protagonist, he too deserves credit for the succession of David, for enthroning that man who was to unite the *shivtei Yisrael*, the Israel of his day, and become the ancestor of the *melekh hamashiaḥ*, the Messiah of the future.

How prone we are to recall only the famous names and ignore the little people, without whom nothing significant ever happens! Imagine if that young, anonymous boy, about whom we know nothing else other than that he was the servant or archery-caddy of Jonathan – imagine if he had said to himself: What do I count? What responsibility do I have to anyone for anything? And since I have no real importance in the world,

why bother with such ideas as duty and loyalty? I might as well sleep late, or fail to show up, or go wandering off in a different direction! Imagine if he had been derelict in his simple duties – like so many waiters who don't wait, and repairmen who don't repair, and cleaners who don't clean! How different – and how much worse – history might have been!

Little did that youngster realize that a pair of eyes were secretly watching him that fateful day; that upon the proper accomplishment of his duty depended the future of his whole people and ultimately all the world; that his little task well done assured the safety of David, and the political and religious and spiritual destiny of thousands of his contemporaries and thousands of generations thereafter.

It is not only the princes and the heroes who play a role in history. It is not only the great and the famous upon whom the world rests. It is even a *naar katan,* a young lad who, by carrying out his tasks loyally, briefly emerges from obscurity and helps redirect the course of history. He remains anonymous – but so very important!

Of such stuff is the story of all mankind made. History is the accumulation of thousands upon thousands of lads who know not the significance of their own deeds. The great issues are decided, in the long run, not by those in the headlines but by the thousand "little people" who do or do not follow the dictates of conscience. David could not have become the great king he was without this little boy who signaled him, without another helpful stranger who gave him bread when he was starving, without a prophet who challenged him and a wife who inspired him and countless nameless soldiers who were ready to give their lives for him.

The State of Israel was not built alone by the Ben-Gurions and Sharets and the Eshkols. It was built as well by young men who died on the battlefield, and old mothers who let their sons and daughters leave the Russian Pale for the malarial swamps of Palestine, students of Talmud, loyal religious Jews who never gave up the dream and vision of *geula*, and anonymous hundreds who invested in Israel and the thousands who once collected coins for the JNF and the millions who contribute whatever they can to UJA. Everyone who did his best played a role in Israel.

For that is indeed all that is demanded of us by God – not that we do more than we can, but that we do all that it is in our power to do. On that and on that alone are we judged. Sometimes we are called upon to make the supreme sacrifice. Usually all that Judaism demands is that we sacrifice just a little of our comfort, a little of our convenience and time and money and thought and consideration and energy. When the great Book of Life is opened in Heaven, as we read in the *U'Netaneh Tokef*, it may be true that sublime angels rush about and create a stir, but in the Book of Life, each man's own personal, individual signature is recorded therein. Each has his own mission. That he must do: no more – but no less. When we do what God requires of us and what is required of us by the sum and substance of the teachings of Judaism, we have fulfilled our goals and we are important – whether or not our names are inscribed on great monuments or in history books.

That is the theme of responsibility taught to us by Yom Kippur. We each of us could have done more in our own little way; it is when we fail that we must say *al ḥet* and confess our failure. When we do that in all earnestness, we are responsible human beings. To be convinced that I am unimportant, that

I simply don't count, is to be dead even though I breathe. To strive to fulfill my mission and purpose in whatever way God has allowed me – whether by raising a worthy family, charity, study, teaching, Israel, service to a great cause – is to live on and have my influence survive my own limited life.

Do you think you are without influence? Then remember that how you act toward your husband or wife at home is witnessed silently by your impressionable children who incorporate your acts into their character and will someday act likewise. Like David, watched by the *naar katan,* your conduct can be the signal that will change a life. How you as a Jew act in your business or profession can have the greatest effect on some non-Jew or on some young Jewish person who is wondering whether it is worth remaining a Jew. Never underestimate it! A kind word to a person who is lonely, a smile to someone who is friendless, a compliment to someone who lacks confidence, a bit of encouragement to a child unsure of himself – you may not realize it, but it is from such little things that the future is manufactured! All the more reason, therefore, to feel personally responsible when we forget to offer that word, that smile, that encouragement!

The sainted Ḥafetz Ḥayyim told of the first time he saw a train. Who, he wondered, guides this train? Who drives it? At first he saw very busy and official-looking people with big red caps carrying things to and from the baggage cars. Surely, he thought, these important people are the masters of the train. Then, when he discovered they were merely porters, "red caps," he noticed a big, dignified-looking gentleman in an impressive uniform collecting tickets from people. No doubt, he thought, this official owns the train – how important and solemn he

appears. But when he learned he was only the ticket-collector, he turned to the man in resplendent uniform and of bushy mustache and booming voice who came marching stridently through the cars blowing a whistle. Certainly he guides the train. But no, he was merely the conductor. Perhaps, then, it is collectively owned and operated by all those aristocratic people in the parlor car who are so well dressed and smoke expensive cigars? No, they are only passengers.

Then he came to the front car, the engine room. There he saw a man in overalls, one who seemed bedraggled, who needed a shave, who looked impoverished and insignificant, who appeared to be a manual laborer and shoved coal into the fire and pulled a few rusty switches. And he – this inconspicuous, anonymous, obscure fellow – he was the master of the train; upon him depended the safety of the whole train and all its passengers! The *naar katan* often plays the great roles!

That, my friends, is the nature of the message of Yom Kippur. And that is my plea to you this holy day. Do not imagine that only the great and dramatic events are significant. In the eyes of God and in the eyes of history we too are important if we but do all we can. For nobody is a "nobody." And everybody is a "somebody" – unless, of course, we choose to abdicate that role, that function, that responsibility.

The people we shall soon memorialize in the Yizkor may not have been famous people. Maybe they did not shake worlds. But each and every one in some measure, whether large or small, has influenced the world or some part of it. They influenced us. We influence our children, or others' children. And they, in turn, will influence others. The fact that we are here today is a tribute to them; had one link in the chain of

generations been severed, we would not be Jews congregating in this *makom kadosh* today.

We must, then, watch our step. Whether we like it or not, we cannot journey through life without leaving footprints. Others will follow where we go because we have marked the way. That influence, that direction of our footprints, will be spelled out not in wealth, not in power, not in worldly fame. It will be exercised in the manner and the responsibility with which each of us carries out his assigned tasks in life. Whether we are anonymous lads, playing a supporting role in some great drama, or shabbily dressed train conductors, directly guiding the destiny of hundreds of fellow-passengers through life, we must be aware of our importance in the eyes of God and those who shall come after us.

Thus, and only thus, shall we emerge from death to life, from oblivion to significance. For everybody is a somebody.

On Doing Right by Yourself

Ten times during Yom Kippur day, before reciting the confession or *viduy* of the *al ḥet*, we recite an introductory passage which is as strange as it is beautiful, and as haunting as it is hallowed. "You know the mysteries of the universe and the dark secrets of every living soul. You search all the inmost chambers of man's conscience. Nothing escapes You; nothing is hidden from Your sight." In a word, we stand before God completely exposed; He knows everything that goes on within us. And so we continue: "May it be Your will, Lord our God and God of our fathers, to forgive all our sins, to pardon all our iniquities, and to grant atonement for all our transgressions."

What a strange conclusion to draw from these premises! Isn't the cause-and-effect reasoning faulty here? On the contrary, in this post-Freudian age, when we have become sophisticated and understand the lack of innocence and the evil that

lurks even in the heart of a baby, this sort of reasoning should be reversed: If God indeed knows what goes on in my heart, then in all likelihood He will never forgive me! If God knows the innermost secrets of my heart, the libidinous impulses that storm within it, the fantasies and the lusts, the concupiscence and the covetousness, the grasping and the overreaching, then I am embarrassed to death. What sense does it make to turn to God, who knows all this, and say to Him, "Now, therefore, forgive me for all my sins." That "now therefore" seems totally out of place.

And yet we rightly feel, intuitively, that there is truth in this prayer. It clutches the core of our consciousness, it reveals to us something of which we are but dimly aware, it strikes a resonant chord in the very depths of our hearts. For it tells me that my real "me" – my true self and identity – is not puerile and serpentine, but pure and spiritual. It consists not of lust and coarseness, but of loving-kindness; it is not, if we be permitted the expression, the "Id," but the "Yid." The real person certainly possesses elements of the diabolical and the vicious; but his inner self, which he must strive all his life to realize, is the spark of God, indeed an image of God.

In *Hamlet*, the demented Ophelia says, "Lord, we know what we are, but know not what we may be." What we are – that is what the psychologists discover when they probe our subconscious, and what we are embarrassed by when we stand before God. But what we may be – that is what religion asserts, what faith believes in, and what God knows as He penetrates to the inmost chambers and the darkest secrets of ourselves. Indeed, what we may be is what we really are! That is why we stand before God and say to Him: Despite all our sins, despite all

our evil deeds and our lustful thoughts – deeds and thoughts which embarrass us – nevertheless You penetrate beneath this sordid veil, and You, O God, can see what the psychologists cannot: that ineffably precious seed of holiness that lies within us. "*Uvekhen,* now, therefore," because of this, may it be Your will to forgive us for all our sins. Our real self is such that we are worthy of forgiveness. There is something of inestimable value deep within each human being. We can and ought to be salvaged.

This idea is fundamental to Torah and to Judaism and can be seen in many ways and on many different levels. It affects even business law in Judaism. Indeed, it is worth pondering with a great deal of concentration one such law of the Torah, which contains within it an invaluable spiritual gem.

In the Fifth Book of Moses we read the laws concerning rich and poor. Among others we are told the following: If you lend a poor man money, which is a supreme virtue, you are, of course, permitted to take from him a *mashkon* or pledge, a form of security for your loan. You may take his cloak, even if this is the only garment he possesses. But the Torah adds that if this cloak is all he has, and the nights are cold, and he will shiver and suffer if this garment is taken from him, then *hashev tashiv,* you shall return his pledge to him, *ulekha tihye tzedaka,* and it will be accounted to you as *tzedaka* (Deut. 24:13). Normally, we take this to mean that it will be considered a virtue if you give him the pledge.

Now this is a rather difficult passage. Surely this verse could not mean that it will be accounted for you as "charity," for the word *tzedaka* does not mean charity; it derives from *tzedek,* which means "justice," unlike the English word "charity," which

derives from the Greek *charitas,* love. For the Jew, contributing to the poor is not a function of love and volition, but rather of the knowledge that it is no more than right that I do so, because my possessions do not belong to me absolutely in the first place. So then, the verse cannot refer to charity as such.

Does it then refer to justice, to *tzedek*? No, that could not be, because the halakha regards the lender as actually having ownership rights in the pledge. It belongs to the lender, and by law he need not return it to the borrower. What then does this verse mean? Maimonides, at the end of his *Guide for the Perplexed,* offers this answer: The Torah tells the lender that even though by law you are not required to return this pledge, nevertheless, if you do so, it will be considered as having done right by yourself! By going beyond the letter of the law, you will be performing toward yourself an act of *tzedek,* justifying your real self, the *nefesh hamaskelet,* the rational soul, the spiritual gestalt, which you possess. The act of *tzedaka,* or the act of doing right, *tzedek,* will be *lekha,* for yourself!

No, your real self, your true and genuine identity, is not the greedy moneylender who must have his pound of flesh. That is a falsification and a distortion of your real self. Your true identity is one of compassion and kindness, one that is worthy of forgiveness by God, and one by which you must do right at all times.

That is what we must discover in ourselves this Yom Kippur day: not our professions or careers, not our petty likes or dislikes, but the real self that lies within us striving for expression; not what we are, but what we may be. The Torah looks at us and, underneath the sarcasm or the indifference, the cynicism or the frivolousness, the shrewdness or sometimes even

the meanness, sees a *nefesh hamaskelet*: a superbly sacred and priceless self. In Judaism, we are absolutely forbidden to represent God in the form of any symbols, whether statues, crosses, or pictures. There is only one symbol of God, and that is man, who is considered by the Torah as the *tzelem Elokim*, the image of God.

Recall the immortal words of R. Akiva about this sacred day: "*Ashreikhem Yisrael, lifnei mi atem metaharim* – Happy are you, O Israel, knowing before whom you purify yourselves" (Yoma 85b). Perhaps one may also interpret that as: Happy are you, O Israel, when you consider *mi atem*, who you really, inwardly are; then you will achieve *tahara*, purity.

It is in the context of this relationship that our eyes and hearts turn heavenward on this sacred and holy day. Just as the Torah commands us to discover and be true to our real selves, so do we turn to God and, in prayer, ask the same thing of Him! Almighty God, we are all poverty-stricken paupers. We are born defenseless into the world. We have no claims upon anyone. We are weak, limited, inadequate, only too painfully aware of our mortality. But God, in His goodness, gives us each a *neshama* – life, hope, ambition, love. It is, we recognize, only a loan. Some day that *neshama* will have to be returned, and life will be done. But before that date of expiration, it sometimes happens that God demands a *mashkon* of us – a pledge, some security. The divine Lender chooses what pledge He will: health, wealth, peace of mind, a life-long mate, friends, our children. And when He takes that *mashkon*, all the vitality seeps out of our life, the joy vanishes, the light departs, the spark is gone. We become suddenly aware of our insecurity, haunted by hidden horrors, afraid of the very shadows, of the terror that lurks

behind every turn of life's path, God takes back His pledge, and we no longer think that life is worth living, for our faith in life itself is now in doubt. The day is done, we are stripped of all possessions and all comforts, and the cold of night crawls on our flesh. We are filled with all kinds of bitterness and frustration, ridden with anxiety.

And so on Yom Kippur we turn to our God and we plead with Him: *Hashev tashiv lo et haavot.* Please, Almighty God, return the pledge, the security; give us back, we beg You, our vitality, our cheer, our happiness and our serenity, our joy and our freedom and our hope and our dreams. But – by what right do we ask of God to return the pledge to us? How can we demand that He grant us a happy and blessed year, that He redeem us from our inner turmoil and still the tempest in our hearts? The answer is one you will find throughout the prayers of this High Holiday season. *Lekha Hashem hatzedaka velanu boshet hapanim,* "For to You, O God, is righteousness, while ours is the shame." *Lekha Hashem hatzedaka* – the exact equivalent of the expression which God uses toward us: *ulekha tihye tzedaka*! Just as God demands of us that we be true to and do right by our real selves, so we now turn to Him and ask of Him that He return the pledge of life and cheer to us, for *lekha Hashem hatzedaka,* You must do right, *tzedaka,* by Yourself. For are You not the *Av HaRaḥaman,* the compassionate Father? Are you not the God who is loving and gracious? Do right by Yourself, merciful Father! Grant our prayers on this holy day as a measure and reflection of Your true Self! There is, then, clear reciprocity between God and man. If we will remember who we really are and do justice to that identity, then God, as it were, will remember who He really is and do right by that identity.

This thought applies to every aspect of life, and not the least to Yizkor. We recall the cherished souls of parents and grandparents. See, O God, who we really are, from what stock we come, the kind of people who determined our true identity. And, knowing just a bit of what You have revealed of Yourself to us, we know that You will, as the *Elokei Raḥamim*, remember them. For now man and God can meet in the moment of mercy, for that is only right, *tzedaka*.

All the King's Men

In the context of the long stretches of Jewish history, the custom of reciting Yizkor is quite recent. The first reference to it is only a few hundred years old; even then, only Yom Kippur is mentioned and not the other festivals. Halakhically, it has almost no standing at all; certainly it is infinitely less important than such laws as Shabbat and shofar and *kashrut*. Nevertheless, it is the kind of custom which has assumed great significance in the lives of Jews throughout the Ashkenazic world. Jews who have lost all other contact with the synagogue still flock to services on the four times a year when Yizkor is said, sometimes unfortunately ignoring the main service while reciting this one prayer. Is this but a superstitious expression of the fear of death? Hardly so! Our greatest and clearest-thinking sages have both permitted and encouraged the custom of Yizkor. I know of no protest against it by our leading authorities – something which surely would have occurred had it been nothing but superstition. Why, then, its popularity and acceptability?

The answer, I believe, lies in the fact that Yizkor points to a major fundamental of the whole Jewish outlook on life. It is this concept that evokes such warmth, such tenderness, such vitality from the hearts of Jews of diverse backgrounds and commitments. And that is the supreme and inviolable importance of each individual human being. If a human being is nothing but a biochemical accident, a cipher in a demographic explosion, or a vast labor force, a national group, or any other faceless collectivity, then his death is unimportant and his life is meaningless, and there is no point to the recitation of Yizkor. But if we do say Yizkor and we do recall the lives of dear ones for whom we still grieve, and we do seek for some purpose in our own lives, then we affirm that, despite all, a human as an individual is unique, irreplaceable, and infinitely precious. This belief is, of course, an essential of Judaism. It is the idea that we were created in the image of God, and every individual is therefore of vast importance, immortal, and invaluable. It does not mean that the family or the nation or the world is less important; but it protects the individual human being from being crushed by the weight of numbers of the outside world.

That is why Yizkor strikes such a resonant chord in the hearts of Jews. None of God's children can ever be lost in the shuffle of men and nations. Those we remember today are gone from earthly existence. Yet we remember them in love, and this memory is but a reflection of their immortal presence before God. Other men and groups can ignore and forget individual human beings; but *yizkor Elokim*, God remembers, and we are God-like when we too remember. So there is nothing superstitious about the feelings that well up within us at an occasion of

this sort, or about the particular way we articulate them. Our emotions, in this case, are not just the indulgence of a childish fantasy; they are the expression of one of the noblest ideas that Judaism has contributed to mankind.

Indeed, a measure of the importance of each human being is discovered by Hasidim in a famous Mishna. You know that when three adult Jews eat together, they recite the Grace after Meals, or *Birkat HaMazon,* together, with one of their number saying, *Nevarekh she'akhalnu mishelo,* "Let us bless Him of whose bounty we have partaken," and the others responding. When there is a *minyan* of ten men, however, the formula is expanded to *Nevarekh Elokeinu she'akhalnu mishelo,* "Let us bless our God of whose bounty we have partaken" – the name of God is added explicitly.

This holds true for ten men or a thousand. This is the decision of R. Akiva, which we accept. However, the Mishna records the opinion of R. Yosi (Berakhot 59b), who followed a somewhat different procedure. With ten men, he required the name *Elokeinu,* as is our practice. But if there were a hundred men who broke bread together at one meal, the formula is expanded to *Nevarekh LaShem Elokeinu,* "Let us bless the Lord our God." If there are a thousand, the leader recites, *Nevarekh LaShem Elokeinu, Elokei Yisrael,* "Let us bless the Lord God, the God of Israel." And if there are ten thousand who have dined together, the leader proclaims, *Nevarekh LaShem Elokeinu, Elokei Yisrael, Elokei Tzevaot, Yoshev HaKeruvim,* "Let us bless the Lord our God, the God of Israel, the Lord of Hosts, who dwells between the Cherubim." With each increment, there is a more exalted name of God that is used. Now, ask the Hasidim, what would R. Yosi say if there were only nine Jews? Or only

99, or only 999, or only 9,999? Of course, the absence of that one person would disqualify the use of the holier and more august name. Thus, if one single person is missing from among ten thousand, God's praise is diminished, and He can no longer be exalted as the "Lord of Hosts, who dwells between the Cherubim"! And if one is missing from a thousand, then that lesser name is in turn diminished; and if one Jew is absent from a hundred, then that divine name too is lessened; and if one is missing out of ten – God cannot be mentioned at all! That is why we mention the name of God, *Elokim,* in our Yizkor prayer: not only do we remember, but God does, for the death of this one person has somehow diminished the Creator in whose image each of us is created.

It is this idea – that God too, as it were, suffers and is affected by the loss of a single individual – that helps us understand why the Kaddish is recited for those who have passed away. It has often been asked: What relation is there between death and the Kaddish? Why this particular prayer at this particular occasion? A touching and illuminating explanation has been offered by the great Hebrew writer and Israel's Nobel Laureate Sh. Y. Agnon, in a brief eulogy for the martyrs of the Holy Land. There is a difference, says Agnon, between a mortal, human king and the divine King of the whole world. When an ordinary mortal king goes into battle, he sends forth his soldiers as a group, but does not consider them as individuals. If one soldier falls, another can take his place. It makes little difference to the king who the individual soldiers are, what are their needs or loves or fears or aspirations. Generals fight their wars by commanding whole divisions and regiments, not individual fighters. The president and the Department of Defense and the Congress think in

terms of thousands of troops deployed and of replacements in large numbers for anonymous soldiers. Not so the Almighty, the King of kings, the Holy One, Blessed Be He! Every one of God's troops is unique. With Him, all the King's men are each ineffably precious. The Lord does not deal with His children as statistics, but as wholly unique individuals. Therefore, when one of the soldiers in God's army dies – and we are all His soldiers, all the King's men – that place remains empty forever, and no one else can ever replace him.

When a person passes away, therefore, not only does his earthly family grieve but God too, as it were, grieves for him, and God too must be consoled, for He suffers with us. And so we offer the divine Father our condolences for His grievous and irreparable loss: *Yitgadal veyitkadash shemei rabba,* "May Your great name be magnified and sanctified." When one of Your children dies – and they are so few and so precious! – Your "great name" is diminished and it is desecrated, it is a *ḥillul Hashem.* So we pray, May Your great name *yitgadal,* may it be magnified and restored to its previous greatness, and *yitkadash,* may it again be sanctified after its dreadful desecration. God's kingdom has suffered; His soldier has fallen. There is a void, an emptiness in His realm. So we say to Him, *veyamlikh malkhutei,* may His kingdom too be restored. What a consoling thought – to know that we are not alone in our grief! And what a powerful, sensitive, and beautiful way of enunciating this principle of man's individual greatness. Yizkor and Kaddish are certainly not superstitions; they are the reflections of the most enlightened idea ever to seize the human mind.

These, then, are the thoughts that course through our minds and pulsate in our hearts at this time of bittersweet

memories. Our oath of loyal remembrance to those whom we have loved and revered and are no longer among the living, is not just maudlin sentiment. It is a rousing affirmation that no human being simply evaporates from memory, because if no one else remembers, God does – for each human being is uniquely significant. And we affirm as well that no living Jew is beyond salvaging. In the uttermost recesses of our heart, in the deepest folds of our being, there lies the gem of Jewish loyalty. When we acknowledge the sanctity of individual lives, we ask *yizkor Elokim*, that God remember. When we speak of the religious and spiritual riches that lie unmined in Jewish hearts, God asks that we remember, and that we dedicate ourselves to fulfilling and realizing that potential for the good of our children and ourselves, our fellow Jews, and all the world.

There is yet one more important consequence of this doctrine of the significance of the individual that we affirm in the Yizkor. It tells us that, as we have said, each individual life is sacred and that each human being harbors within his heart holy potentialities. But from these there flows a third teaching: not only can we be redeemed ourselves, but we can redeem others as well – indeed, the entire world!

The teachers of *musar* never tired of stressing this theme. Every person can by his own merit save the world, and conversely by his own shortcomings contribute to its destruction. That sounds somewhat naive in the context of modern society, with its facelessness and its anonymity, and with the individual suffering from feelings of alienation and helplessness. Yet Judaism teaches us that the laws of the spirit are not the same as the laws of society. The Creator judges individual acts; He employs no poll-takers and opinion-samplers and sociological

researchers. Every *avera* pollutes the entire universe; every mitzva purifies all the cosmos. Just as we are individually important, so are we socially effective – for good and for bad.

The Talmud (Sanhedrin 98b) implied this same idea in an unusual passage. Speaking of the Messiah, it asks, "What is his name?" The answers are even more amazing. Each Rabbi averred that the Messiah would have his own name! R. Shila thought that the name of the Messiah is Shilo; R. Yannai called the Messiah Yinnon; and R. Ḥanina believed that the Messiah's name would be Ḥanina! What they meant to say, I believe, was that there is a little bit of Messiah in every person. Every individual has something in his soul, something uniquely individual to him, that he has to contribute to the age of Messiah. Messiah is a man of many names; it depends upon each of us to offer our name to Him. What they meant to say, then, was that the Messiah would not be a miraculous interloper from Heaven with no relation to us, but one who would be brought to the world by our own effort, by each of us giving his own characteristic and individual strength to the collectivity of Israel, and that this will bring the Messiah on.

It is good to remember this talmudic assessment of our latent powers in this cold and impersonal world. We are not ciphers, nobodies, ineffectual and faceless nonentities. Each of us can bring happiness to the heart of a friend, joy to a neighbor; each of us can raise the level of Jewish education and study of Torah; each of us can contribute to the security of Israel and to the peace of all the world. We each have names; and if we but make the effort, we can add a spark of that name, the symbol of our individual uniqueness, to that of the Messiah himself.

As we recite the Yizkor, we affirm that each individual is the immortal concern of the eternal Creator; that everyone possesses vast spiritual potentialities that make him worthy of forgiveness; and that we each are endowed with the power to employ our distinctiveness, our uniqueness, in ushering in the age of redemption for Israel and for all the world.

The God-Man Credibility Gap

V*ekhol maaminim shehu El emuna,* "And all believe that He is a God of faith." What a strange statement! "All have faith that He is a God of faith," or "All have belief that He is a God of belief." Does that make sense? Yes, it does – and in an unusual sort of way. For hidden in these words is a marvelous idea that usually escapes detection. The phrase *El emuna,* which we translate "a God of faith," comes from the Torah, in *Haazinu,* and is interpreted by the Rabbis in the *Yalkut* as *shemaamin biveruav,* that He believes in His creatures. What we are saying, therefore, is that we believe in a God who believes in us!

On the two days of Rosh Hashana, the days of judgment, and on Yom Kippur, the holiest day of the year, we come to the synagogue not to debate religion or to affirm our belief in any dogma, or even to discuss or encourage our own faith in God. Nothing of the sort. On the contrary, we come here to speak

of God's faith in us, to find out whether God still believes in us, whether we have let Him down or not, whether we have disappointed Him, whether we are still credible in His eyes, whether we have allowed a "credibility gap" to grow between Him and us. Coming to the synagogue confronted by the idea that God has faith in us, we are expected to ask ourselves whether or not we have done anything to justify that faith.

Tantalizing as this sounds, it is really quite simple and basic to all of Judaism and its outlook upon man and the world. We believe that man possesses free will, that to some extent he can determine the ethical quality of his life. With the creation of man, therefore, a new element entered into the cosmic picture. At the moment that God created a being that can think for himself, control by himself, decide for himself, the destiny of the world became unpredictable, unknown even to God Himself. By creating man in freedom, God had to restrict His own will, His own choices, and had to leave the future at least partly to man. In other words, God willingly embraced certain risks; He could only instruct man how to act, could only hope that he would act properly, and therefore the very act of the creation of man was an act of – divine faith!

Of course, in the light of the history of our times it is questionable how well spent God's faith was. Historically we live in the age of Auschwitz, an age no better and probably far worse than the generation of Noah and the flood, when *vayinaḥem Hashem*, the Lord repented or was sorry that He had created man (Gen. 6:6). We seem to have double-crossed Him. As Jews, we know that this is an age when the State of Israel has been betrayed by some of its "best friends." Yet, we believe that God is One who believes in man – but what a "credibility gap" has

grown up in our days! And it is on this credibility gap between God and man that we are judged on Yom Kippur: Have we or have we not let God down? It is on this, essentially, that God judges not only individuals but nations as well. We say it every Friday night, in reciting the special psalms for that evening: "*Yishpot tevel betzedek ve'amim be'emunato* – He will judge the world in righteousness and the nations with His *emuna,* His faith" (Psalms 96:13). He judges people by the extent of their credibility gap, by the extent to which they have vindicated or frustrated God's faith in them.

As individuals, this idea of a God who believes in us is little short of amazing. All day long we recite an imposing list of our shortcomings – the *al ḥet* confession. We protest our inadequacies, we declare ourselves worthless, nobodies, filled with shame – and then we say that we believe that He believes in us! What a trusting God He must be, to let His confidence leap over that credibility gap between Him and us!

Yet it is a fact that He is a faithful God. Just as it is sometimes hard for man to believe in God, almost to the point of absurdity – but we believe anyway – so is it hard sometimes for God to believe in us, beyond the point of absurdity, yet He believes. For this is the essence of Yom Kippur: God stretches His patience, His confidence, His faith in us, and is willing to wait until we change and we turn back. God does not desire that we die, as often we surely deserve to, but He is willing to wait on the chance that maybe we will leave our wrong ways, turn back to Him, and live. That is the expression of God's faith.

What does all this mean personally for us existentially? This idea possesses for us, I submit, four major implications. First, it means that no matter how painfully we recognize our

own moral and spiritual shortcomings, there is really something substantial in us that is worthy and deserving and redeemable. When a banker decides to grant a loan to a client who has little financial resources, he does not do so on blind faith, but as an expression of an intelligent and enlightened faith. He acts on the basis of confidence in his client's talent, his business ability, his integrity, his initiative. Similarly, if despite all our shortcomings and our failures God has faith in us, it is not a blind faith. It means that He as our Creator knows us better than we know ourselves, that we possess resources of which we ourselves are unaware, and that we have the power, strength, and talent for self-transcendence that make His faith in us a risk worth taking.

Sometimes, as the result of a discussion, someone will say to me, "Rabbi, I'm not really religious." When I hear that, I confess that I invariably smile tolerantly, patiently, sardonically. Every human being is religious in the sense that he believes in something – either God, or money, or power, or science, or humanity. I subscribe to the somewhat irrational Jewish notion– which I cannot explain psychologically or sociologically, but which commends itself to me from experience and history – that every Jew believes in God even if he doesn't know it himself. This does not mean that he is actively devout. The religious drive may be dormant and in eclipse for five or ten or fifty years – or three or four generations. But it is there, ready to be aroused and called into life.

Indeed, we each have religious potential, moral possibilities, the hint and the promise of spiritual greatness – whether we know it or not. We Jews are, after all, a people who in our lifetime have built a State of Israel. We have provided the most marvelous model of charitableness in constructing such

organizations as UJA. We have built yeshivot in this country and around the world, and we have molded Jewish communities. We are people who frequent and support synagogues and day-schools, raise Jewish families, and try to bring up our children as Jewish and humane and kindly and decent. Sometimes we slip and do things that are wrong, or fail to do things that are right. Sometimes we even do things that are ugly and disgusting. But apparently God has looked deeply into us and decided that He believes in us. Is that flattering? Yes, it is. But it is much more than that. It is a burden – a holy burden – laid upon us to vindicate that faith that our Creator has expressed in us. In giving us another year of life since last Yom Kippur, He has extended His faith in us, like the banker who gives additional time or credit to the client. He has added to our credit by giving us time. Apparently, He trusts that we will yet come to our senses, that we will increase our credibility and narrow the gap. For we can do it – that much is definite by the very fact of our existence here today.

The second implication of this idea of God as an *El emuna,* a God of faith, is the additional insight that it gives us into failure. If our existence and our life is an act of divine faith, then our failure to live up to His demands and goals for us is not just sin, *al ḥet,* but something far worse. It is betrayal, treachery! It means *ashamnu,* that we have acted guiltily and that therefore *bagadnu,* we have betrayed God and we have let Him down! A sin, a violation of Torah and Jewish law, is therefore more than disobedience; it is a double-cross, treason. On Yom Kippur we must summon ourselves either to *teshuva* or to *begida,* to repentance or to betrayal: if we do not turn to Him, then in effect we have turned against Him. If this year we fail

to improve the religious quality of our lives, if our Shabbat will not be a full Shabbat, if we will be careless in our *kashrut,* if we will ignore praying with *kavana,* if we will make a mockery of our services, if we will fail to act decently and humanely toward family and friends and every other human being, then we will have betrayed His confidence – then we will have caught Him short, we will have let Him down, we will have double-crossed Him by making a shambles out of His faith and trust and confidence in us. *Bagadnu*!

The third implication of this idea is that if God has confidence and faith in man, so must we – in imitation of Him. We must not be cynical, pessimistic, or too "realistic" – certainly not more than God, who knows the world. It means that we have no right to give up on any human being. We have no right to despair of any Jew and to abandon him forever.

The halakha gives legal and eminently practical expression to this idea of the faith that we, like God, must have in every human being. We are told that if a man married a woman conditionally, and said to her: "Behold, you are married to me *al menat she'ani tzaddik,* on condition that I am a *tzaddik,* a completely pious and righteous individual," then, *afilu rasha gamur mekudeshet* – even if he knows and we all know that he is not only not a *tzaddik,* but he is a *rasha gamur,* a totally wicked, non-observant, cruel, Godless man, nevertheless the marriage is valid! We must proceed on the assumption that he is indeed a *tzaddik,* a pious man! The reason? *Shema hirher beteshuva,* for it is possible that at that very moment when he proposed marriage on condition that he is a *tzaddik,* at that moment he indeed intended to act like a *tzaddik*; that a *hirhur teshuva,* a thought of repentance, flashed through his mind and seized

his heart, and therefore at that one precious moment he was transformed into a *tzaddik*.

There is nothing more sensitive in Jewish law than the law of marriage. And if we regard a marriage proposal on condition that a man is righteous as valid based on the possibility that at that moment he may have turned righteous, then it is an expression of Judaism's indomitable optimism and confidence in man, a faith derived from divine faith in man that *teshuva* always remains an active possibility that cannot be ruled out.

Let us therefore never give up on another human being. There are those who tend, in their pessimism, to despair of the major part of the Jewish community. We do not have the moral right to do so. There are those who in dark moments, contemplating all the work they put into their children and then seeing them leave the fold, are ready to declare their hopelessness, prepared to be reconciled with their children's having left permanently and enduringly. Heaven forbid! No parent, no person, no Jew, may ever, ever do that! No one is beyond redemption. All that is needed to begin is a *hirhur*, a single thought, a solitary motion, the beginning of a gesture, and one may well be on the road to recapturing his original integrity, on the way to becoming a *tzaddik* of sorts.

If, indeed, we all believe that God has faith in us, then we must practice the great Jewish ethical principal of the imitation of God, and we too must have faith in ourselves and in our fellow men. And from this flows the fourth and final implication of the idea of God's faith in man, and man's challenge to avoid a credibility gap. Just as God believes in us, and therefore we must not betray Him, so must we believe in our fellow men and they in us – and we must not betray them; we must vindicate the faith

that others have in us. Just as we must justify God's believing in us, so must we justify the faith of other human beings in us.

No man is an island unto himself. We are members of society, and especially that most important of all societies, the family. And the family is preeminently a community of confidence, of reciprocal trust and faith. As such, each of us is a repository of great faith and untold confidence in us and in our characters and personalities. Parents usually are unaware of the extent and the intensity of the unquestioning trust that their children have in them, the simple but enormous faith that a child has in a parent. I recently heard the story of a child who offered a prayer to God, saying, "God, make me a great and good man, just like my father." But the father had overheard his child, and so the father turned to God in prayer and said, "O God, make me the sort of man my child thinks I am." It is a lifelong task to become the sort of person children think we are, to vindicate their faith and their trust.

That faith of children in parents normally, and unfortunately, does not last too long. Much more enduring and sophisticated, and therefore more challenging, is the faith that parents had and everlastingly will have in us. We know our own experience in raising our own children, and we must learn to extrapolate and infer from this experience the kind of faith that our parents had or have in us. Every parent has a picture of what he would like his or her child to be. These are not only goals for us to strive to realize, it is also a faith for us to vindicate. When Joseph, as a young lad in slavery in Egypt, was tempted by the seductive advances of his master's wife, he restrained himself by seeing in his mind's eye the face of his father, Jacob. He knew that his father had a certain faith in him, and he could not bring

himself to break faith with his old father, to invalidate his confidence, to pervert his trust.

What do parents and grandparents ask of us from the great beyond? They want, it is true, simply to be remembered – but they really expect much more than that. They expect us to become a certain kind of person, a certain kind of Jew, one possessing a certain kind of inner dignity and nobility. They had faith in us. It is now up to us to determine that we shall not betray them, that we shall not invalidate their lives and their confidence.

The Jewish tradition maintains, as part of the explanation for the Yizkor service, that this is an instance of the living redeeming the dead. What does it mean to redeem the dead? It means, I believe, that by the way we live we redeem or fail to redeem the faith our predecessors had in us. We are called upon at a time of this sort to justify their confidence, to vindicate their faith.

These, then, are the consequences of our belief in a God, who believes in us. First, it means that we do have the resources to live the right kind of Jewish life. Second, it means that when we fail to lead this kind of life we are guilty not only of sin, but of betrayal, of letting God down. Third, it means that we, like God, must have faith in others, that we must look for the good even in the *rasha gamur* and search out the possibilities of a *hirhur teshuva*, a glimmer of repentance. And finally, it means that we must vindicate the faith in ourselves by our own children, by our spouses, and most of all, by our parents. It is this last point that is the meaning of Yizkor.

Vekhol maaminim, for this we all believe, whether we know it yet or not, whether we affirm it yet or not, that He is a God of faith who believes in us. May we learn to rally all the

forces of Jewish creativity within us, to vindicate His faith in us, and to justify the faith of past generations in us as well. And then, our reward will be that, with the help of God, our faith in God will be vindicated by Him, as He grants us a year of health and peace, and our faith in our own children will be vindicated by them as they make possible for us a year of "*naḥas*" and joy and satisfaction.

Happy though Hungry

In a famous passage, the sages say, "If only the Children of Israel would observe two Sabbaths, they would be redeemed immediately" (Shabbat 118b). This dictum has always proved puzzling. Why two Sabbaths? Which two Sabbaths? All kinds of answers have been offered. Permit me to commend to your attention what one commentator has offered us – a cryptic response, laconically formulated, without adequate explanation. He tells us that the sages referred to two Sabbaths that coincide, two Sabbaths that are observed simultaneously. That is possible only when Yom Kippur falls on Saturday. Yom Kippur is known in the Bible as *Shabbat Shabbaton*, the "Sabbath of Sabbaths" (Lev. 16:31; 23:32). So when we observe this double Sabbath – a Yom Kippur that falls on Shabbat – we are at the brink of redemption.

What does that mean? A meaningful interpretation is given to us by the great Hasidic master, the author of *Benei Yissakhar*. Yom Kippur, he tells us, is fundamentally in conflict with the weekly Shabbat. Yom Kippur on Saturday presents,

therefore, an immediate conflict, an inner contradiction. The commandment of enjoying Shabbat is realized by means of eating and drinking. Yom Kippur, however, is observed by abstaining from food. The sanctity of the day is achieved through fasting. How, therefore, is it possible to observe both Shabbat and Yom Kippur when they fall on the same day?

The answer is this. It is true that Jewish spirituality does not require ascetic denial of material life and pleasures. Physical delight often enhances the spiritual experience. But what Judaism teaches us is that a higher level is held out to us. Spiritual joy and religious experience can be attained without physical indulgence; the total experience can be no less satisfactory than if it did derive from material pleasures. Thus, we are told in the Torah that at the time of the sealing of the Covenant in the days of Moses, the elders of Israel "saw God, and they ate and they drank" (Ex. 24:11). Now, this verse is almost vulgar in its dissonance. To see God and to sit down to a gluttonous feast? The Aramaic translator Onkelos, however, reinterprets that verse. He tells us that the elders were so happy that their offerings were acceptable to God, they were so overjoyed with the experience of the nearness of the Almighty, that they could not have been happier if they had celebrated with a great banquet! So it is not that they feasted – on the contrary, they did not – but their joy in their spiritual experience was so complete it is as if they had eaten and they had drunk.

Under normal circumstances, it is true that Yom Kippur and Shabbat travel in opposite directions and place different commitments and demands upon us. On the ordinary level, *oneg Shabbat* (enjoying the pleasure of Shabbat) is expressed through eating and drinking. But if we move to this higher level,

to the transcending of physical needs, then we can resolve the dilemma and reconcile the conflict between the two Sabbaths.

When we expose ourselves on this day to the Yom Kippur prayer; to meditation (not in an ecstatic sense, but in the very normal sense of asking ourselves the ultimate questions in the silence of our own hearts); to the meaning of the kneeling and the bowing, implying the sense of total submission to God; to the whiteness of *kittel*, symbolizing purity; to the atmosphere of saintliness that pervades the whole day, and if we can appreciate all these despite our fasting – if we can be happy though hungry – then we are simultaneously observing both Sabbaths, Shabbat and Yom Kippur, and this makes us worthy of immediate redemption. Indeed, to reach this level is already to be redeemed in some measure. To be sure, Judaism delights in the material things of this world that are permissible. *Oneg Shabbat* is attained through food; *kibbud Shabbat* (the adoring of the Sabbath) through fine clothing; *kiddush Shabbat* (the sanctification of the Sabbath) through wine. But if we can experience the joy and the honor and the saintliness without physical crutches, then we can be happy though hungry.

This principle of happy-though-hungry is one of the great, successful experiments of Judaism in its effort to create a reality by practicing a sacred fiction. When we close our eyes to the myriad trivialities that surround and distract us, we exercise a sacred fiction, and thus succeed in creating a new reality.

At the Seder table Jews practice all kinds of rituals, most of which are the tokens of freedom. Throughout the long and bitter exile we Jews have acted as if on this night each one of us is a prince or a princess. Despite the pogroms, despite the anti-Semitism, despite the ghetto, the Jews exercised this

historic-spiritual maneuver; they moved on to that higher level and just as when Yom Kippur fell on Shabbat they were able to be happy though hungry, so on Passover they were able to be free though fettered. The same holds true for every Shabbat. No matter how devastating their poverty, no matter how calamitous their social and political conditions, on Shabbat Jews reestablished their own dignity.

I remember that when I was a child my uncle showed me a genealogical table to which our family was able to attach itself. About seven or eight generations before me, on my mother's side, was one name that intrigued me. It was written in two languages, Hebrew and Yiddish, as Rabbi Joshua the Tall One. How that fascinated me. I remember asking my uncle what that meant, especially in view of the fact that that branch of my family was typically quite short rather than tall.

He told me that, indeed, our ancestor Rabbi Joshua was quite a short man – all week long. But on Shabbat, with the advent of dusk on Friday evening, Rabbi Joshua would grow a whole twelve inches! I was assured by my uncle that this was not a supernatural miracle, but a quite natural miracle. It was simply this: all week long, my great-grandfather Rabbi Joshua was physically bowed down under the enormous burdens he bore: the demeaning humiliations, the grinding poverty, the care of a large family, the persecutions and fears of all kinds. But on Shabbat he threw off the burdens, he forgot his fears, he ignored the anxieties, and his newfound sense of dignity gave him the strength to unbend and stand up straight – and so he "grew" a whole foot!

Yizkor demands of us that we make an effort similar to the happy-though-hungry experience. Yizkor, of course, has an

element of melancholy prominent in it, as old grief is dredged up from long-buried layers of spent suffering. But that is not the aim and purpose of Yizkor. It must not be a repetition of the funeral or the *shiva* observance. If it were, we would be forbidden to recite it on holidays. The tradition tells us that mourners during their first year of their mourning must not recite the Yizkor, as the wound is too fresh and Yizkor must not be a mourning experience. Rather Yizkor must be a reunion, a loving report or account-giving of ourselves and our families, of how we measure up to the standards of parents or grandparents or other relatives; it is a prayerful reaffirmation of respect and affection, of love and devotion. It must not be an occasion of sadness, but of bittersweet recollection. There is, indeed, some merit in the Hasidic custom of observing *yahrzeit* while "drinking a *leḥayim*," thus converting sadness into joyous memory. But no matter which tradition we follow, Yizkor means to undergo the happy-though-hungry experience by reaching the level where we can transcend the physical, where we can exercise a fiction and thus create a reality out of it. Yizkor means we must feel the presence of loved ones once again, though they are physically absent; we can experience their psychological nearness though they are materially remote.

For indeed, this is part of what Judaism trains us to achieve. Without ever disdaining the material world, even while seeking to ennoble and consecrate it, we must also know how to emancipate ourselves from its often inexorable grip. Judaism reminds us that it is within our power, each of us, to do just that. Even as a Beethoven can hear glorious music though his ears do not function; even as the Psalmist can hear the music of the spheres in adoration of their Creator though a sound is not

uttered; even as Sages can be wise without books; even as lovers can speak though silent; even as the mystic can "taste" God though God is incorporeal; even as the ordinary Jew can see the unity of God when he or she recites the Shema though we shut our eyes and shield them with our hands – so too we feel the presence of those we love, though we cannot touch them, as we rise to recite the Yizkor.

Shemini Atzeret

Which Way the Wind Blows

The Distinguishing Feature of every Jewish holiday is *simḥa,* joy or happiness. The Torah commands us: *Vehayita akh same'aḥ,* "And you shall be altogether joyful" (Deut. 16:15).

Now, while this particular commandment is included in the Torah's legislation of the festival of Sukkot, there is no reason to restrict it to that holiday. Indeed, the mitzva of *simḥa* applies to every holiday. It is somewhat astonishing, therefore, to discover that the Talmud finds it necessary to apply the requirement of *simḥa* specifically to the present holiday, Shemini Atzeret. Thus, the Talmud says, "*Lerabbot leilei yom tov haaḥaron lesimḥa*" (Sukkah 48a), meaning that the commandment to be happy on the holiday includes not only the first days of Sukkot, but the last days – which means Shemini Atzeret – as well.

What makes this talmudic statement even more surprising is the fact that the word *akh,* as in *vehayita akh same'aḥ,* is

usually understood *lema'et*, "to exclude." That is, the word *akh*, or "only," usually serves to restrict what follows. In this case, however, the Talmud understands it in the reverse, *lerabbot*: You must be happy not only on the first day of the holiday, but *lerabbot*, it must be inclusive and extend to the last holiday as well.

Why the necessity for emphasizing *simḥa* even on Shemini Atzeret?

Perhaps we can understand it from a story that the Talmud tells elsewhere (Yoma 21b) of a popular custom that used to take place as soon as the entire Sukkot holiday, including Shemini Atzeret, was over and done with. People would gather about the Temple, and *hakol tzafin le'ashan hamaarakha* – everyone would peer intently at the column of smoke that would rise from the altar, where the logs were burning so as to provide a source of fire for the sacrificial service. As the column of smoke rose, all eyes would be glued to it, to see which way the wind would blow it. If the column would blow to the north, then the poor were happy and the well-to-do farmers were sad, for a north wind indicated that there would be early rain that season, and their produce was in danger of rotting, and they would therefore have to sell their harvest at a low price. If the column tended to the south, the poor were sad and the farmers were happy, because a south wind indicated late rain, and therefore the fruit and wheat could be kept until the prices rose steeply. If it was an east wind, everyone would be happy, for nature would balance perfectly for everyone. If there was a west wind, everyone was sad, for it indicated probable drought and famine.

Now we may understand the need for the emphasis on being happy even on Shemini Atzeret. For as soon as the holiday was over, people would rush to find out which way

the wind was blowing. And so, quite naturally, even during the holiday itself, in anticipation of this event, the peace of mind, quiet, and serene joy that are so essential for the holiday would already begin to vanish. During the holiday itself, the mind of the Jew and his heart would begin to concentrate not on *vehayita akh same'aḥ*, "be altogether joyful" before God, but on, which way does the wind blow? The Rabbis of the Talmud, therefore, took special pains to remind us that we must banish such anticipation of worry from our hearts, and as long as we are in the midst of the festival, we ought to retain a full and complete sense of *simḥa*.

The same teaching applies with no less force and relevance to us in the mid-twentieth century than it did to our ancestors during the Second Commonwealth, for we, too, are constantly concerned about which way the wind blows. Here we are, toward the end of a marvelous and joyous holiday. Yet can anyone doubt that in the minds of so many of us, during our services this morning and during the rest of the afternoon to come, the major concern is not the meaning of our prayers or the attainment of true joy, but worry about tomorrow and the day after? We are still in the midst of Shemini Atzeret, and already we are worrying: Will it be an economy of boom or bust, will the stock market be bullish or bearish, will we experience recovery or recession? Everyone has his theory, and everyone anxiously awaits some sign of which way the wind blows.

But under such conditions, even if the ultimate result is favorable, the worry and the tension, the anxiety and the concern in anticipation, frequently vitiate whatever benefits may obtain later on. In addition, such worry in advance destroys the sanctity of Yom Tov, it empties the holy day of its content of holiness.

The Rabbis therefore remind us, *Vehayita akh same'aḥ, lerabbot leilei yom tov haaḥaron lesimḥa*. Hold off your worries, postpone your problems, delay your anxieties. It is still Yom Tov, and we must be observant of the commandment to experience joy even on the eve of the day when we return to the office and marketplace and start wondering about what the future will bring, about which way the wind will blow that column of smoke in its many modern guises.

This is more than just good advice or a wise recommendation. To experience *simḥa* on the holiday is nothing less than a mitzva, a commandment. To declare happiness a commandment presupposes a major psychological principle: that joy is the result not only of external circumstances, but of an inner orientation. Whether I am happy or not depends not only upon whether my needs are fulfilled by the world, but also upon whether I know what to want and how to react to the world. In other words, my personal disposition can be controlled by an act of my will. My state of mind is not an infinitely malleable piece of clay molded by outside events; it is something that I can create if I exercise enough control.

That is a hard doctrine to accept. Most of us would prefer to believe that our happiness or unhappiness is the result of what life brings us, and that if we lack happiness, it is exclusively the result of our miserable fate and we are the unwilling victims of cruel circumstances. Now, there is no doubt that *simḥa* is to a very large extent decided by the conditions of the world in which I find myself, but not totally and exclusively so. There is a story that Hasidim tell of one of their great teachers, and the Mitnagedim tell of one of *their* great rabbis – and this in itself is evidence of the authentic Jewishness of the story, whether or

not it literally occurred. The great rabbi and sage about whom the story is told was in the midst of dancing on Simḥat Torah, filled with heavenly and rhapsodic *simḥa.* Suddenly a student came into the singing and dancing crowd and furtively handed the rabbi a telegram. The rabbi glanced at it, blanched, and returned forthwith to the dancing and singing. The messenger was stunned, for the telegram had informed the rabbi that his only daughter had been killed in a distant city. The rabbi continued in his state of joy and happiness until the day was done and the Havdala recited, after which he burst out in uncontrollable weeping and mourning. What a superb illustration of self-control: mourning is forbidden on the holiday, and therefore the rabbi was able to will himself into a state of *simḥa,* holding off his deeply felt grief until the Yom Tov had passed.

Some will say that this is incredibly inhuman; I will agree only that it is far greater than what is normal. Certainly, few of us could hope ever to attain such a degree of mastery over our own instincts – may the Lord spare us from such tragedy! But the same principle is available and accessible to each and every one of us in modified form. We can, indeed, exercise *some* form of control over our state of mind. We may indeed will to be happy, to be joyous, to experience *simḥa.* We can, if we want to strongly enough, emerge from the doldrums of self-pity and achieve a state of tranquility or serenity.

Business worries, professional concerns, even family problems should never be allowed to gain the upper hand over our inner equilibrium. That they often do does not mean that they always must. *Vehayita akh same'aḥ* – we must remain happy and joyous even at a critical period when the future is unknown and mysterious and we do not yet know which way the wind

will blow. No wonder that today we recited the special prayers for *geshem*, for rain, which is a symbol of prosperity. One would imagine that if the prayers were answered affirmatively by God, there would be no cause for any further concern by us. Yet as soon as the cantor will announce with a flourish that it is God who is *mashiv haruaḥ umorid hageshem*, who makes the wind blow in the right direction and gives us abundant rain, we will all call out: "*Livrakha velo liklala*" – may it be for blessing and not, Heaven forbid, for a curse. Why is this necessary? Because even prosperity can be a curse if, in the course of achieving it, we worry ourselves to distraction. It is a truism that not everyone who is rich is happy. It is not often appreciated that in the very process of amassing wealth, one often sacrifices his personal *simḥa* on the altar of affluence.

Our prayer, therefore, is that we be the recipients of God's gift of wind blowing in the right direction, that of *geshem*, but *livrakha velo liklala* – may we achieve it in a blessed way, not in an accursed way. May we attain our heart's desire for prosperity, but not at the cost of personal *simḥa*. May we each achieve our professional goals, whether of fame or fortune, without at the same time ignoring a wife, neglecting children, abdicating character and principles, and forgetting about the spiritual dimension of life.

I expect that there are some who will take exception to what I have been saying. It is an altogether expected reaction of the sophisticated intellectual of today to dismiss with contempt any concern by religion for the peace of mind and serenity of ordinary folk, and to consider such concern contaminated by the dubious doctrines of Norman Vincent Peale. However, such reactions notwithstanding, the Torah is interested that we

experience *simḥa,* that the tempest within the heart be stilled, that during Shabbat and Yom Tov we enjoy a quiet and sacred serenity. There is, after all, a certain limited validity to the irenic, or pacifying, quality of religious faith. A calm mind is no less desirable for one's spiritual welfare than a healthy body.

Nevertheless, we must confess that if this were the end of the story, our critics would be justified. If religion is meant only to give us happiness and peace of mind and tranquility, then it is not religion; it is nothing more than a sublimated tranquilizer. Even in the course of counseling us to will ourselves into a state of *simḥa* and postpone our worrying about which way the wind will blow, the Torah inculcates us with a spiritual and ethical principle of the greatest significance.

For how, indeed, shall we go about developing this state of mind called *simḥa* at a time when we are consciously enmeshed in worrying about the future?

The answer that Judaism offers is of the utmost importance: it tells us that the more concerned you are with your own happiness, the less likely you are to achieve it. For the constant pursuit of one's own happiness means that *simḥa* is defined in a purely egoistical fashion: How can *I* be happy? But "If I am for myself, who am I?" (Avot 1:14). This way leads only to frustration and bitterness. True *simḥa* is attained only when I forget about myself, only when I lose myself, only when my concern is with making others happy. That is why the commandment to experience *simḥa* on Yom Tov is coupled, in the Torah, with the commandment to provide for the joy and happiness of the poor and the widow, of the orphan and the stranger and the Levite.

Perhaps the best example is the joyous last day of the festival which we shall observe tomorrow, Simḥat Torah. What

does that mean, to be happy with the Torah? Rabbi Shneur Zalman of Liadi explained that Simḥat Torah means not only to be happy with the Torah, but, even more, *lesame'aḥ et haTorah* – to make the Torah happy, to provide the opportunity for *simḥa* to the One who gave the Torah! Thus, on this day we determine to live our lives so that we give God the occasion for *naḥas,* that we make Him happy: *yismaḥ Hashem bemaasav* (Ps. 104:31). Then we shall be the prime recipients of this divine gift of *simḥa.*

For indeed, when we forget about the satisfaction of our own desires and concentrate instead upon making the Torah happy, upon affording *naḥas* to the Almighty, then we shall find that our lives are fulfilled – no matter which way the wind blows! A life of service is the way to a life of serenity. Living according to Torah will lead to a life of tranquility. Devotion to Judaism brings you unexpected joys. In the striving for holiness we will discover the possibilities of happiness.

Tomorrow's worries will, eventually, become yesterday's forgotten trivia. No matter which way the wind blows, it will soon dissipate and vanish.

But true *simḥa,* as we have defined it, lasts forever; for if it is achieved by means of *lesame'aḥ et haTorah,* of making the Torah happy, and the Torah is eternal, then our *simḥa* is eternal too.

If we are concerned about receiving *naḥas* from our own children, let us attempt, in our own lives, to grant that same blessing of *naḥas* retroactively to our parents and grandparents whom we shall shortly memorialize in our Yizkor prayers. If we want God to make us happy, it is we who must first make Him happy.

Let us, on this great and wonderful day, cease worrying about tomorrow and commence being grateful for today and yesterday; for herein lies the secret of *simḥa.*

Reworking the Past

Last week, I met a man whom I had not seen for six or seven years. I recognized him, but I did not recognize him. I was puzzled. Then I realized the source of my confusion: he had grown a beard in the interim. Because of the beard, I did not recognize him, and because of the beard I did recognize him. The reason for this was because he now looked startlingly like his late father!

In discussing this with him, I appreciated his inner feelings. He thought to himself: I am now a mature man, and spent a good part of my life carving out for myself my own life, my own personality, my own niche. Now I want to recapture my father's image and make it my own, not only psychologically and spiritually but, if at all possible, even physically.

This otherwise unimportant encounter brought to my mind the problem of two forces that strive for supremacy within each of us: continuity versus discontinuity, rootedness in the past versus innovation and novelty, reverence for the old versus

the search for the new. In Hebrew, we might refer to these as *hemshekh* (continuity) versus *ḥiddush* (innovation). This phenomenon is well-nigh universal.

It is in this sense that I consider Shemini Atzeret a metaphor for man. For Shemini Atzeret, according to halakha, has a rather hybrid nature. In one sense, it is merely a continuation of the Sukkot holiday, of which it is the eighth day. In another sense, it is an independent and autonomous holiday in its own right. Thus, the halakha teaches that in all ways it is part of Sukkot, except for six laws – represented by the acrostic פז"ר קש"ב – in which it is *ḥag bifnei atzmo*, a holiday by itself (Sukka 47b–48a). Hence, like the eighth day of Passover, there is no special mitzva of appearing in the Temple, as there is on the three pilgrim festivals. And in this sense, it is merely the end of Sukkot. But unlike Passover, we recite the blessing of *Sheheḥeyanu* on Shemini Atzeret, because it *is* a holiday in its own right. Thus, too, we can understand the two different versions of the name for this festival in the prayer book. In some prayer books, we refer to this day as *Yom HaShemini, Atzeret HaḤag HaZeh* – "the eighth and concluding day of this [Sukkot] festival." Other prayer books read *Yom HaShemini Ḥag HaAtzeret HaZeh* – "the eighth day which is the Atzeret festival," emphasizing its autonomy and separateness, not as *ḥemshekh* but as *ḥiddush*. So that Shemini Atzeret in itself symbolizes the tension between the old and the new, between continuity and autonomy, between the unbroken continuum of the past and the bold assertion of independence into the future.

I do not necessarily refer only to the rebellious rejection of religion and tradition, although that certainly would be an illustration of what I am talking about. Rather, I am more interested in the fact that even in religious consciousness itself, both

tendencies prevail. The Israelites at the shore of the Red Sea sang, "This is my God and I will glorify Him," and in the same sentence, "the God of my fathers and I will exalt Him" (Ex. 15:2). We approach God both as new human beings, expressing our own unique, spiritual quest, and as children of a long tradition and an ancient heritage who come with the past as our credentials. We ourselves, in our prayers, refer to God as *Elokeinu*, "our God," and *Elokei avotenu*, "the God of our fathers." David, in the Hallel we have been reciting all week long, says, *Ana Hashem ki ani avdekha, ani avdekha ben amatekha, pitaḥta lemoserai*, "O Lord, I am Your servant, Your servant the son of Your handmaid, You have loosened my bonds" (Ps. 116:16). It is when a religious individual appreciates that he is both the servant of God as a separate human being, and also the servant of God because he is descended from a long line of servants of God, that he can experience a sense of liberation and redemption.

The Shemini Atzeret metaphor, this dual nature of the day, refers not only to man, but to every day of life. Every single day when we wake up, we are presented with the problem of *hemshekh* versus *ḥiddush*, of continuity versus striking out in new directions. We can't very well ignore all of the past; that would be sheer irresponsibility. We have to pay old debts, and collect them as well; we nurse old resentments, and try to cherish old loves and loyalties. It is difficult indeed, and also not advisable, to break all the old patterns of conduct. At the same time, if a day is to be meaningful, one must feel that there is some open-endedness to it. It reminds me of the line in the song, "Today is the first day of the rest of your life." Every day, *every* new day, must hold the promise of openness, opportunity, surprise, novelty.

In this sense, the Shemini Atzeret metaphor is essentially the biography of man. A baby knows only *hemshekh*, only Sukkot. He conceives of his mother as an extension of himself, of his very own body. As a youngster, he sees himself as organically part of the family, no matter how tense and divisive it may be. When he comes into adolescence, he begins to assert himself; he follows the פז"ד קש"ב of autonomous development toward a personality that is *ḥag bifnei atzmo*, a festival in its own right. Later on, if he is wise, he will have the perspicacity to appropriate both: the continuation of the past, even while he develops his own self.

For indeed, both are necessary. If we conceive of ourselves only as *ḥag bifnei atzmo* and assert only our independence, we are insecure and rootless; we are floating monads in an ocean of loneliness. But if we are only part of the past, if we see ourselves only as *hemshekh*, then we turn stale, staid, and stodgy. In the conflict and tension between the both, we have the beginnings of creativity.

But true and full creativity is achieved not by mere adjudication of the conflicting claims of each tendency, not only by striking a balance or compromise between *hemshekh* and *ḥiddush*, between the continuation of one's parent's life and the development of one's own integrity. Rather, creativity comes in the combination of both tendencies into a new synthesis: so that *as himself*, as a person who is unique and independent, a man can *rework and redeem the past*! What I am trying to express is an apparently irrational idea, but one that is beautiful and exciting and so very Jewish: *Haḥayyim mekhapperim al hametim* – the living can atone for the dead (*Tanhuma, Ha'azinu* 1; *Beit Yosef, Oraḥ Ḥayyim* 284:7); children can make up for their parents.

In a world which declares, with spurious claim to scientific credentials, that the future is determined and closed, we Jews, so curiously, proclaim that even the past is not closed and dead. The past can still be saved, it can still be vindicated! The very idea of *teshuva* (repentance) itself partakes of this irrationality: the spiritual attainment of the present can actually change the record of the past. (This thesis, challenging the idea of "necessity," has been expounded by an alienated Jew, Lev Shestov, in his book *Athens and Jerusalem*.)

The Midrash teaches: "All kinds of wood from all kinds of trees may be used to build the fire on the altar, except for the wood of the olive tree and the vine, because olive oil and wine are used in the sacrificial service. Hence, *the fruit have saved the trees*" (*Pesikta Zutra*, Lev., 4b). It is the application to the vegetable world of the principle of *haḥayyim mekhapperim al hametim*, of children who can change the lives of parents already gone to their eternal reward.

Mentioning this Midrash, the Ramban (commentary to Torah, Gen. 12:32) adds: *Vekhen matzinu beAvraham shehitzil et Teraḥ*, "Thus do we find that Abraham saved his father, Terah," who otherwise would have been condemned to eternal perdition, so that Terah should merit the life of eternity. Even Abraham, the great iconoclast, the one who began the greatest revolution in the spiritual history of mankind, did not entirely break off from the past. Indeed, he went back, as an independent human being of tremendous personal achievement, and improved the past, saved his father, and redeemed all that had gone before!

In the *haftara* of Shemini Atzeret, we continue the *haftara* of the second day of Sukkot. Both of them speak of

Solomon's dedication of the Temple he built in Jerusalem. Who built the Temple? Solomon. Who consecrated it? Solomon. Yet all through his great prayer and blessing, Solomon remembers and reminds his people that it was his father, David, who envisioned it, who dreamt of it, who planned for it.

The chapter concludes with the verse that relates the events of that historic dedication to the day of Shemini Atzeret: "On the eighth day, he [Solomon] sent the people away, and they blessed the king. And they went to their tents happy and glad of heart because of all the goodness that the Lord had done to His servant David and to His people Israel" (I Kings 8:66).

The Sages ask (Shabbat 30a): We can understand the "goodness" that God had done to Israel (the Midrash describes the felicity that came upon the people that night). But what goodness was done to David, who had been long dead? And the Midrash answers: When Solomon wanted, at this event of dedication and consecration, to bring the *aron* (ark) into the inner sanctum of the Temple, the gates of the Temple cleaved one to another and would not open. Solomon tried every means at his disposal to open them, but to no avail. He recited twenty-four psalms, but there was no response. He then decided to command the doors to open by exclaiming, "*Se'u she'arim rasheikhem* – O gates, lift up your heads" (Ps. 24:7), but he received no response to his royal command. But then, when he said the words "*Al tashev penei meshiḥekha, zakhra leḥasdei David avdekha* – "Do not reject Your anointed, remember the grace of Your servant David" (II Chr. 6:42), he was immediately answered and the doors opened. At that moment, the faces of the enemies of David turned black as a pot on the stove, and all Israel knew that the Holy One had

forgiven David because of that sin (i.e., the sin of Uriah and Bathsheba).

So Solomon showed the world: a son can, by virtue of his very own talents, open the doors to his father's Temple; he can bring in his own autonomous *kedusha* to his father's sanctuary. A son can redeem his father's reputation, restore his father's standing in the eyes of God and man!

If a man is, like Shemini Atzeret, a *ḥag bifnei atzmo*, a holiday in its own right, he can, as such, enhance all of Sukkot, whose latest link he is. Creativity, therefore, consists in being and developing your own self, and then using those talents to reveal and fulfill and ennoble the past out of which you emerged and which is an ineradicable part of yourself.

Is not this the meaning of Kaddish? By virtue of a child's arising and declaring *kedushat Hashem*, the sanctity of the Divine Name, by living the right kind of life, he atones for his parents who already are departed from this earthly scene.

So if a son is more devout or more scholarly or has more moral sensitivity than a parent, he is at one and the same time "doing his own thing" and carrying over the past into the future on a new plateau, on a higher *niveau* – enhancing the past, while revealing its true roots and latent potencies, demonstrating that his parents must have possessed such potential qualities of devoutness or scholarship or ethical sensitivity or charitableness that only now are being expressed in the life of the son or the daughter.

Shemini Atzeret, therefore, expresses not only the tension between *hemshekh* and *ḥiddush*, between continuity and autonomous innovation, but also the concept of *tikkun*, of transformation and restoration and improvement of the past.

As a "holiday in its own right," Shemini Atzeret becomes an *atzeret*, a closing factor for all of Sukkot, tying it up, integrating it, revealing its new dimensions and its concealed sanctity.

It is with such thoughts that we prepare for Yizkor. We are different from our parents, and that is as it should be. In so many ways we *are* our parents, and that is as it should be. But above all else, how we live, how we give, how we conduct our homes and our businesses and our lives, how we study Torah and how we relate to the people of Israel and especially to God, can fulfill the unrealized dreams of our parents, can express their hidden powers, can atone for their blemishes, and can bring a new ark into the temples of their memory.

פסח

Passover

Those Who Live and Those Who Live On

The very fact that we gather to worship a Living and Eternal God and also to ask Him to remember the souls of dear departed relatives is in itself an expression of an age-old Jewish belief: the immortality of the human soul. We pray to God, who is Eternal, and since He created man in His image, then man is immortal. We ask God to remember the soul, and therefore the soul must still exist before God; if not, what is the use of remembering it? Our presence in synagogue presumes our profound though unarticulated belief that man can achieve immortality. Though the body is perishable, the soul can live on.

However, I feel sure that there is one question that must disturb many of us. Granted, immortality can be a fact. Obviously some people achieve it. No one will deny the immortality of a Moses or a Rabbi Akiva or a Maimonides. Rembrandt, Shakespeare, and Einstein, in their respective

fields, have achieved this deathlessness. But that is true of people of worldwide fame, people of extraordinary ability and achievement, people of genius or power. What, however, of us common folk? What of those we memorialize and what of ourselves? Talented, perhaps, but not geniuses. Well-liked, yes, but not world-famous. Can people who are good, kind, but largely undistinguished in the course of usual, uneventful lives be said to be able to achieve immortality? Are they not swallowed up at once into the vast, anonymous army of the dead, ultimately receding into eternal obscurity with the relentless passage of time? Can anyone achieve immortality?

The answer is, yes, anyone can achieve immortality. We can assure it for those we loved and are departed. We can assure it for ourselves. And the formula for the attainment of immortality by us unpretentious and unassuming common folk, was given in symbolic form by a man who himself was certain of eternal reverence and fame. That man was the great sage Rabbi Yehuda HaNasi, the man who redacted the Mishna, the great and sacred body of Jewish Oral Law. He lived about 1,800 years ago and was both the spiritual and political leader of Judea of his day, beloved by all his people and revered as well by Roman Emperor Antonius. Certainly, he himself knew that his fame would last forever. Yet he was anxious to teach that immortality is not only for the few but for the many. He wanted to show those who live, how to live on. And so he gave us a four-fold formula for immortality.

The Talmud relates (Ketubot 103a) that the beloved sage was on his deathbed, while in the next room was gathered his entire family. And suddenly, as the end was approaching, the great Rabbi said, "*Levanai ani tzarikh*." Call in my children.

I want to tell them something of how to overcome the utter hopelessness and despair of death. I want to tell them how to take out its sting, how to remove the fear, how to recapture life even as it wanes. And as they gathered about him, he gave them four commands or last wishes as his final legacy. He said: Be careful to honor your mother; let the candle be kindled in its place; let the table be set in its place; let the bed be made in its place. Let all these things be as when I lived. Take these four steps, my children, and you will assure immortality for me as well as for you. You will learn how those who live should live in order to live on.

The first thing he told them – and us – was to always be careful to honor your mother. My sons, he said, if you would have me live on with you, give all the respect in the world to your mother, for it was she who was the recipient of my love and will forever remain the repository of my fondest, profoundest, and most imperishable affections. Give honor to your mother, because she will be the symbol to you of the first great ingredient in this prescription: love.

How did Solomon put it many years before? "*Ki aza kamavet ahava* – For love is as strong as death" (Song of Songs 8:6). A true, deep, and genuine love is not subject to the terrors of death. It can outlast it and vanquish it. A sincere love, without ulterior motive, as our sages of *Pirkei Avot* taught, is everlasting. Those who have loved deeply and have lost a partner in life, know that after the first bitter pangs of grief have worn away, there comes a warm feeling to fill the void, a warm feeling of the presence of whomever it is we loved. The presence of the beloved person is then no longer subject to illness and disease, to long or short periods of absence. It is not only that love itself

is immortal; more than that, it confers immortality upon them who practice it. *Hizaharu bikhvod imkhem,* R. Yehuda HaNasi told his children. Honor Mother and you will be honoring me, for I live on through her.

A second step in the formula he taught his children was that the bed should be made as always in its place. The *mita,* or bed, is in the language of the Rabbis a symbol for the word "family." A person's children are his second guarantee of immortality. A child is, in a way, a recapitulation of the parent. Heredity is more than another science; it is a vehicle for the extension of life even after death. A parent lives on in the person of a child who lives.

We must, however, distinguish between just having children and what *kind* of children one has. Merely having children does not assure one of deathlessness, any more than not having children automatically rules it out. Certainly, biological continuity is not the same as immortality. If it were, then an elephant or Japanese beetle that lived a thousand years ago would be as immortal as the greatest human. The idea of family and children as a vehicle of immortality derives not from the biological gift of parent to child, but from the fact that the parent molds the personality of the child, and the child's behavior and life are then a reflection on the parent and a mirror of the kind of immortality he achieves. It is ridiculous to speak of immortality for a parent whose child becomes a wicked destroyer of all that is good. One cannot speak of immortality for a parent whose child is godless and himself conceives of life as only a cruel accident of biology, as nothing more than a change configuration of molecules, as a desperate, meaningless, hopeless struggle between competing brutes, in which the fittest, most brutal brute wins,

but which ultimately results in both winners and losers vanishing in obscurity.

Let the bed be in its place, let the family be the right kind of family, my sons, and then I know that I will be blessed with immortality – the right kind of immortality. When a father and mother pass on and leave children who come to pour out their hearts to God only three or four times a year, and thereby remember them, that is a measure of immortality, certainly more than nothing. But it is not enough. Immortality is not magically achieved by a superstitious visit to a certain building. It means developing the kind of religious, Godly character that reflects upon a parent and upon the self. That is the second of R. Yehuda's suggestions: You live the right kind of life to grant your parents immortality and train your children to live full, Jewish lives if you desire this blessed gift of immortality for yourselves.

The third thing he told his children gathered around his bed was to let the table be set and prepared as always. The table in Jewish life was never only a place at which to greedily stuff one's stomach in privacy. The table was always a *mizbe'aḥ*, an altar. About it were seated not only the family, but also the poor and the weary, the stranger and the needy. The table was the altar, the spiritual piece of furniture at which one put into practice all the beautiful precepts of charity and hospitality and neighborliness. The table, or *shulḥan,* has become the work-table of Jewish charitableness. It is the symbol of benevolence, generosity, and kindliness. No wonder the great codebook of Jewish law, that divine book of humaneness, is called *Shulḥan Arukh,* the "Prepared Table."

So that when R. Yehuda told his sons not to disturb the position of his table, he meant that the prominence he had given

charity, hospitality, and help to others in his lifetime should be continued after his death, and that would be one way of immortalizing him. Indeed, part of the Yizkor prayer includes the statement that we promise to make a contribution to charity in memory of the soul we memorialize. What does that signify? It signifies that by performing this act of goodness in the name of someone we loved, we give him eternal life; he lives on in that act of goodness, for goodness outlives death.

When you leave the synagogue, look at the plaques and the stained windows, at the Torah covers and the pulpits. The names on them are more than names – they are people who are immortalized in an act of goodness performed by themselves or by someone else on their behalf. What better way of living on than through goodness! I know that for a number of years, during my schooling at Yeshiva University, I benefitted from a fund set up by the children of one Mendel Gottesman. I never knew him. But I shall never forget him. There was one time that I received what is called the Riva Sarah Kadin Award. I never knew her too. But neither shall I ever forget her. I know that those wonderful souls who showed goodness and charitableness to the day school where I received my early education and the university where I received my higher education will live on in my heart. If ever I studied a folio of the Talmud, if ever I delved into the heart of a verse of the Torah, if ever the Good Lord in His way gives me any reward for these, they – those whose goodness made it possible – have an even greater share in it than I do. I ate at their Table. Even after they left, the table at which they lived was set and in its place. What a noble way to live on!

Finally, R. Yehuda told his sons to let the light be kindled in its place. No man, no matter how humble and ordinary, ever

leaves this world without kindling some kind of lamp, without achieving some bit of good in some way. That candle, that special individual achievement, is his memorial, his path to immortality. Some people, like R. Yehuda himself, leave powerhouses. Others leave chandeliers of tremendous illuminating power. Others leave bright lights. But every person, no matter how small, leaves at least a candle. Every one of us can think back to those we loved and whom we memorialize, and out of the darkness that shrouds the years, we will notice the nickering rays of that candle, that special act of goodness which was the constant specialty of that person.

Speaking again from my own personal experiences, there is one old lady who still works at her specialty, and may she continue to do so for the full measure of her days, who is in my eyes already an immortal. Her specialty was the lunchroom of the yeshiva in which I studied as a youngster. She never missed a day. It was her concern that every boy eat his lunch, whether home-packed or school-served. She encouraged the *berakha,* she encouraged the eating, she encouraged the blessing afterwards. And she has, in this way, assured herself of blessings afterwards for all eternity. It was her candle, and I hope that there will always be someone to keep it kindled in its place. While remembering loved ones as Yizkor is recited, think about his or her special candle, and remember to keep it lit – whether it is a special charity, or special act, or special mitzva. It is a candle which burns forever. And then choose and light a candle of your own. It burns bright, and very long.

After R. Yehuda HaNasi passed away, the Talmud relates, he became an immortal (Ketubot 103a). And he would visit his home every *bei shimshei,* every Friday night. At the table his family would, unastonishingly, be aware of the fact that Father

was there with them. For there, at the Shabbat table, he would see the four steps to immortality that he had taught his children. There was his beloved wife, reigning like a queen, with the Shabbat candles as her scepters and the radiance of love filling her face and her home. And there was his *mita mutzaat*, his family, his children, gathered about the table and making of eating a worship and of feasting a mitzva; children of whom he could be eternally proud.

And then there was the *shulḥan arukh*, the table undisturbed; for there, together with his wealthy and aristocratic and scholarly sons, were the poor and the indigent, travelers and strangers – common and ignorant as well as wise – all together enjoying and hallowing the sacred Shabbat.

And finally, after the meal was done, he saw the lamp he kindled burn ever brighter. For the legacy he left to eternity was not neglected. There were his sons assiduously studying the Mishna, the book their father edited, delving into the Torah, the realm where he, in his life, had found meaning and joy and creativity. Yes, he was truly immortalized.

As we, therefore, recite the Yizkor prayers, let us too remember that all those who live can live on. With the right kind of Love, the right kind of Family, the right kind of Charitableness, and the right kind of special, personalized, creative Goodness, we can even now endow those we loved with the blessing of ever-continuing life; and we can assure ourselves, no matter how humble and undistinguished, of true immortality.

In the weekday Maariv we say, "In Your hand, O God, are the souls of the living and the dead," and only by commending ourselves to the hand of God can we be certain of eternal life, so that both those who live and those who lived may live on.

Creative Remnants or Leaven from Heaven

After the immortal Messianic vision of universal peace, Isaiah gives us a specific prophecy concerning the redemption of Israel. He states: "And it shall be on that day that the Lord shall set His hand again for a second time to recover the remnant, the *she'ar,* of his people" (Is. 11:11). What is this *she'ar,* this "remnant" of the people of Israel of whom the prophet speaks? The Zohar informs us that the *tzaddikim,* the righteous, are always referred to as *she'ar,* a remnant – a theme also found in the Talmud: the world exists only by virtue of those who regard themselves as *shirayim.*

What the Zohar (2:54a) and Talmud (Megilla 15b; Sanhedrin 111b) mean when they say that the righteous consider themselves *shirayim* can be interpreted variously. Most commentators say that *shirayim* means "leftovers." In other words, the truly righteous person is one of profound humility. He considers

that he has very little value indeed, no more than insignificant leftovers. I would suggest an alternative to this explanation of *shirayim*. *Shirayim* may mean not only "leftovers," but also "relics." Since they are *tzaddikim*, righteous people, they notice the painful disparity between themselves and the civilization in which they live, the disjunctiveness between their most cherished ideals and the unredeemed society in which these ideals suffer sore neglect. They therefore consider themselves nothing more than relics of a glorious age long past, out of joint with their times.

But I prefer a third interpretation of this concept, namely, that the truly righteous consider themselves *shirayim* in the sense of being "creative remnants." For *shirayim* have yet another function, perhaps inappropriate to the festival of Passover, but possibly excusable on the eighth day of the holiday when we make the transition to weekday. Once, when yeast was not as readily available in packages as it is today, the baker would take the remnant of one batch of dough and use it to sour the new batter, to initiate new fermentation; I am informed by knowledgeable friends that this process is often used today too. *Shirayim* are those remnants that create new and healthy loaves. The *tzaddikim*, therefore, symbolize a past that is great and glorious, but without the self-deprecation suggested by the term "leftovers," and without the pessimism implied by the word "relics." Rather, they regard themselves as the ferment that will recreate past glory in the present and transmit its creative leavening into the future. This idea of *shirayim* as creative ferment means that the righteous indeed are a leaven from Heaven, a kind of *shirayim* without which, as the Zohar put it, the world cannot exist. According to this interpretation of *shirayim*, our Rabbis speak of the crumbs of character, not the character of crumbs.

These thoughts are relevant to the Yizkor in which we remember the past. What indeed is the relation of ourselves to this past? I do not speak of those who have consciously broken with the past, those who have no use for our ancient heritage. For them Yizkor is nothing but an exercise in syrupy sentimentalism and is essentially meaningless. But what does it mean for us who cherish what has gone before us, who see ourselves as *shirayim* of that past – not merely of parents, but of all the Jewish tradition? Indeed, according to the Bible one of the terms used to designate a close relative is *shirayim*. Each of us represents the latest link in an unbroken chain of human ancestry.

Some people may regard themselves as *shirayim* in the sense of mere leftovers. They consider their marvelous background, contrast to it their impoverished present, and find nothing connecting them to the past other than pious wishes and good intentions. Maybe an attitude of this sort is good for the character in that it impresses us with humility. But it is bad for the soul; despair has never proved spiritually constructive. All of us have a tendency, not always healthy, to over-romanticize the past and, in comparison, deprecate the present.

Others may consider themselves *shirayim* in the sense of relics. They feel that they themselves have not broken faith with the past. But what of their children? If I am but a relic, then it means that I have not severed the link between my parents and myself, but I acknowledge a break in the chain of tradition in the link below me, that between myself and my children. In any case, the great and sacred chain of tradition is ruptured and, Jewishly speaking, I am only a fossil, an unproductive relic. But it is not enough for right-thinking people to consider themselves as relics, as *shirayim*. Relics were meant to be admired, not emulated;

fondled, not followed. Relics speak of a past tied to the present but offer no guidance and guarantee for the future.

Our relation to our parents and to the past must conform to the third interpretation. We who are loyal to Torah may today be numerically only a remnant, but we must remain a creative remnant. Ours is the duty of bringing the ferment of the past into the present in order to re-create a great future which will rival that of the past.

On the Shabbat after Passover we read the first chapter of *Pirkei Avot*, the Ethics of the Fathers. At the beginning of this first chapter, we shall read the statement of Shimon the *Tzaddik*, the Righteous, who taught that the world is established on three foundations: on the study of Torah, on the service of God, and on good deeds. Who was this Shimon the *Tzaddik* who gave such noble and lofty advice? The Mishna (1:2) tells us that he was one of the *shirayim* of the Great Assembly. Indeed, a *tzaddik* is always a sort of *shirayim*, a creative remnant. Shimon the *Tzaddik* was this kind of creative remnant; he represented and embodied all that was holy and precious in the Men of the Great Assembly. He carried over their sacred teachings into his contemporary life, and then enshrined it into Jewish teaching as an imperishable and priceless possession of Jewish posterity. It is only a man who considers himself *shirayim* in the sense of a creative remnant who can bequeath this kind of teaching to all eternity. No wonder that as part of the Yizkor prayer, we say, concerning our dear departed, "May his soul be bound up in the bond of everlasting life." If we are not going to be merely leftovers of our parents' culture, merely relics of all that they taught and held precious, but are going to be creative remnants of the world they created – then indeed we shall be continuing

their bond of life forever. Even as the *shirayim* represent the remnant that brings the ferment of the past into the new batter, and from there into the next one – so the teachings of the past remain deathless, and this bond of life continues from generation to generations.

All that we have said needs to be said with special emphasis concerning Orthodox Judaism in the United States of our times. When Orthodox Jews first came to this country, they stifled in an atmosphere of diffidence, in a failure of self-confidence. They gazed across the shores to Europe and knew in their hearts that they were merely *shirayim,* in the sense of leftovers. When authentic Judaism survived to a second generation, they were astonished! Then they considered themselves as relics, as museum pieces that had miraculously been preserved intact, leading a kind of life that was foreign to American soil but that had somehow survived against all expectations. Others, too, regarded Orthodox Jews in America as mere relics, whose days were numbered and whose very survival was a remarkable phenomenon not expected to be duplicated.

But then there arose a new generation, and modern Orthodox Judaism in America today considers itself neither a leftover nor a relic, but a new kind of *shirayim,* a creative remnant. Those who ignore the new world cannot hope to influence it. Those who have abandoned the Jewish heritage have no influence to bring to the world. It is we who refuse to close our eyes to new conditions and new problems and new currents, and yet are determined to remain utterly loyal to the Jewish tradition and the greatness of the past without compromise. It is we who have the God-given opportunity to become the *shirayim,* the creative remnant which will ferment

the batter of the present with the blessing of the past in order to create a better future.

How will this be done? Only through Torah – through nothing else. At the end of the Neila prayer on the holiest day of the year, we cry out in the words first written by the great Rabbi Rabbeinu Gershom: we have nothing left, no *shirayim,* save this Torah. It is Torah alone that can transform the new generation and bring it back to its Jewish greatness. When we have that, we have everything.

A Song of Longing

The last days of Passover commemorate the miracle of the crossing of the Red Sea. It was at this occasion that Moses and the Children of Israel raised their voices in the immortal *shira,* song, which we repeat every day of the year. The Talmud tells of another song that was almost sung at this occasion (Megilla 10b; Sanhedrin 39b). The *malakhei hasharet,* the ministering angels, expressed the desire to say *shira* before God at the occasion of the defeat of Pharaoh's hordes. The Almighty, however, refused to grant them permission to recite *shira.* His reason was, "*Maasei yadai tovim bayam ve'atem omrim shira*? How can you think of singing My praises at a time when the work of My hand, the Egyptians, are drowning in the sea?" At a time when God's creatures are suffering and being destroyed – no matter how well deserved that suffering and destruction is – no one, not even the ministering angels, have the right to sing!

Now, that is certainly a good reason that appeals to our noblest and most humane instincts. It is a remarkable instance

of the Jewish view on compassion even for a malicious enemy. However, there is something troubling about this entire episode in the Talmud. If this were an adequate reason for the angels to not sing *shira*, why then were Moses and the Children of Israel permitted to sing their song, the famous *Az Yashir*? Why, indeed, do we repeat this *Az Yashir* song every day? Why, furthermore, do we recite Hallel, even if it be only half Hallel, during the days of Passover? This, too, is *shira*, and by the inner logic of God's response both Moses and Israel – and we today – should keep our peace and remain silent.

I would suggest in answer that there are two kinds of *shira*. One is the song of exultation, the cry of triumph and victory and conquest, when God has manifested His omnipotence by the destruction of His enemies. It is this kind of *shira* that the angels endeavored to sing. This sort of song is quite natural and would be acceptable – but not at a time when *maasei yadai tovim bayam*, when God's human creatures experience the sufferings and pangs of death.

The other song is not that of triumphant exultation, but the expression of gratitude for existence itself. The renowned Rabbi Loewe, known as the Maharal of Prague, defined this kind of *shira* as *gaaguim shel haalul la'ila*, the longing of the effect for the cause. Because the effect derives totally from the cause, then, when the effect acknowledges its existence to the cause, that acknowledgment we consider *shira*. This *shira*, therefore, is that of yearning rather than rejoicing, nostalgia rather than jubilation; it is the effect pining for the cause and not the elation of conquest. For instance, you save my life. I therefore know that henceforth my life is the effect of which you were the cause. When I acknowledge this – in look, word, or conduct – that

acknowledgment is my *shira*. Or, my teacher has taught me something which has made all my life more meaningful. When I acknowledge him as the source of the meaningfulness of my life, the effect of which he is the cause, that too is *shira*. Thereafter, whenever I reflect upon this benefit that has occurred to me, this enhancement of my existence itself, I am filled with *gaaguim*, with yearning and nostalgia toward the teacher, which is the longing *shel haalul la'ila*, of the effect for the cause.

In our tradition we choose a number of verses from the Torah and combine them in what is known as *Pirkei Shira*, literally, the "Chapters of Song." Many pious Jews, especially Hasidim, often recite it before the morning services. In we go from object to object, from one form of life to another throughout creation and show how, in various verses of Scripture, these objects and living beings sing their *shira* to Almighty God. Heaven, for instance, sings *shira*: "The Heavens declare the glory of God" (Ps. 19:2). The day itself is enraptured in expression of *shira*: "Day unto day pours forth speech" (19:3). And so we proceed to the animal kingdom: lion, lamb, deer, wolf – all of them have their own specific *shira* in which they acknowledge their existence to the Creator. Even Heaven and Hell sing their song to God! And is not *Birkat HaMazon*, the saying of Grace after Meals, actually a form of *shira*? When we acknowledge God as the Source of all our sustenance, we are in effect reciting *shira*. That is why we will often recite the Grace over a cup of wine, for according to the halakha *shira* should preferably be expressed over wine. Similarly, we recite the Kiddush on Friday night over wine. This, too, is a form of *shira* in which we express the yearning of all of nature, ourselves included, for Almighty God, who created the world in six days.

The *Az Yashir*, which Moses and Israel sang at the shores of the Red Sea, despite its several military metaphors, is not the cry of conquest which the angels sought to articulate, and from which they were restrained by God. Actually, the *Az Yashir* is a song of longing, a *shira* of *gaaguim*. The song the angels wish to sing was one of praise of God for the stunning defeat he dealt the Egyptians. The song that Moses and Israel sang was merely occasioned by the victory over the Egyptians; essentially it was a poem of God as the Source of all existence and all blessings, rather than as a Divine General who had won a specific battle. I will sing unto the Lord for He is highly exalted – and not merely because He won a victory. It may be true that "the horse and his rider hath He thrown into the sea," but the result of this is that "the Lord is my strength and song, and He is become my salvation; this is my God and I will glorify Him" (Ex. 14:15). It may be true, similarly, that "the Lord is a Man of war," but this leads me to the higher recognition that "the Lord is His name." In other words, God reveals, in mysterious and wondrous ways, His infinite mercy and compassion, His *midat haraḥamim*. The angels, therefore, were silent because no song of victory and exaltation may be chanted when *maasei yadai tovim bayam*, when other humans suffer. But man may indeed sing his *shira* of *gaaguim*, his song of longing, because the military victory is only the trigger for the occasion, but is essentially irrelevant to it.

One of the most intimate and personal cause-effect relationships in the life of a man is that of a parent to a child. As children, we often fail to appreciate parents while they are alive, and if we do appreciate them, we usually fail to acknowledge it to them in a manner that will make them feel worthy and valid. But then, after parents have gone the way of all flesh, there

arises in the heart and in the soul the *gaaguim,* the yearnings and the nostalgia *shel haalul la'ila,* of the effect for the cause, of the child for the parent who bore him and who imprinted his influence and teachings upon him. This *shira* we call Yizkor! For the Yizkor is that acknowledgment of nostalgia, that recognition of indebtedness for existence and the quality of our existence, and it therefore constitutes a true *shira* of the nature of *gaagu'im shel haalul la'ila,* a song of longing.

Shira is expressive of the return to our sublime origins. Indeed, sometimes I think that the study of Torah too is a form of Yizkor – a prayer of contrition for all the lost Jews, for all those precious souls who are forever lost to Israel and Judaism because of the neglect of generations, including our own! Let us never be smug and complacent if we have succeeded in keeping our own children in the fold; we are guilty, dreadfully guilty, for every Jewish child, for every ounce of irreplaceable Jewish talent, that has been squandered and lost to Israel and to Torah. Our song of *shira,* our song of longing which is Torah, also includes the sad note of Yizkor for lost souls of Judaism. Our Torah song must be played in a minor key.

The only *shira* to which we are entitled, therefore, is a spiritual one and an intellectual one: the study of Torah. A song in which many people cooperate is like a symphony; each person contributes whatever he or she can, to the best of one's ability. However, in the past our contributions have been inadequate, and the symphony too soft. All of us must increase the tempo and the power of the notes that we contribute. Let each of us do the best he can. Even as the Torah tells us that when the Jew came to Jerusalem on the festival he had to bring with him a gift, and each person had to give the best he was able to

give – so let it be with our *shira* today. Let everyone pledge to do whatever he can, "according to the blessing which the Lord your God has given you." And then, having pledged and having given to the best of our ability according to God's blessings, we will read that same verse slightly differently: when you give whatever you can in the best possible way, then God will bless you according to how you have given.

Furthermore

In the *haftara* from the prophet Isaiah that we read on Passover morning, which describes the coming of the Messiah, there is one verse that especially attracted the attention of the sages. "And it shall be on that day that the Lord shall again (*yosif Hashem*), a second time, recover with His hand the remnants of His people" (Is. 11:11). The Rabbis were intrigued by the word *yosif*, which means that He will repeat, add, do again. Thus we read: "Resh Lakish said in the name of Bar Kapara, 'What God adds is greater than what He gives in the first place; His addition is more than His principal'" (*Yalkut Shimoni, Melakhim* 243).

Thus, the Rabbis add, the *ikkar* or major blessing that God gave to Adam and Eve was Cain; Abel was a kind of divine afterthought, the *tosefet*. Yet, Cain was born with only one twin sister, while Abel was born with two twin sisters. Here we see that God's *tosefet* was greater than His *ikkar*. Another example given by the Rabbis is that Joseph was the *ikkar*, the main son of Jacob and Rachel, whereas Benjamin was a *tosefet*. Yet, Joseph

had two sons whereas Benjamin had ten. Again we find the lesson that the afterthought of God is more significant than His first thought.

That is why, the Rabbis add, when the prophets saw that God's *tosefet* is greater than His *ikkar,* they began to bless Israel with the blessings of *tosefet,* of addition or "furthermore." Moses blessed Israel with "May the Lord add to you as you are a thousand times" (Deut. 1:11). David said, as we read in the Hallel, "May the Lord add to you, to you and to your children" (Ps. 115:14). And Isaiah, in the *haftara,* recites the verse with which we began: "And it shall be on that day that the Lord shall again, a second time, recover with His hand the remnants of His people."

The insight of the Rabbis is that sometimes the *tosefet* expresses the true intent, for which the *ikkar* is merely preliminary. The major part of a tree is the trunk, but it is the fruit and the branches which make the tree significant. There can be no building without a foundation, yet we live and spend our lives in the superstructure. *Tosefet* can be more meaningful than *ikkar.*

This is not only a generally pragmatic insight, but a specifically psychological truth as well. In a past issue of the *Psychoanalytic Review,* one psychologist wrote on hints that patients drop in their conversations in which they reveal their true intent. Sometimes it will happen that a patient delivers a long speech, trying to make a certain point, and then at the very end he will add a disclaimer or modifier beginning with words like "nevertheless," "however," "furthermore," or "in addition." What comes after that is usually more revealing than the whole speech that preceded it. It is the postscript that is more important than the letter.

It is something we can affirm from our own experience. What we appreciate most, quite often, is not the vacation that is coming to us by law, but the extra day. What sustains us is usually the additional little gift given to us by someone we love, or one more and unsolicited word of commendation; the bonus of an extra smile, an extra bit of warmth, an added favor. I have found in my own experience that the time I put aside for study may be used fruitfully, but the extra fifteen minutes or half hour that I "steal" from the rest of my schedule is usually the most creative or, at the least, the most delightful.

The halakha too reveals a similar point. Marriage, *kiddushin,* can be effected by a man transferring an object of value to a woman who, in consideration of the gift, accepts the marriage proposal. What happens, however, if this man had lent this woman money, and later proposes marriage to her, and instead of giving her a substantial immediate gift, he tells her, "I hereby marry you by waving or foregoing the loan that you owe me"? The Talmud decides *eina mekudeshet,* that it is not a valid marriage. A loan was made to be spent, and therefore it cannot be considered as if it were before us; it is too insubstantial to assume that the woman will consider it the kind of gift by dint of which she is married to this man.

But the Talmud (Kiddushin 48b) tells us the following law: If this man proposed marriage to this woman by waving the loan, but *in addition* added a small gift of his own, then the law is that the marriage contract is valid. The reason for this is that although the loan cannot serve legally as the instrument of marriage, the woman is presumed to have had in mind not the loan but the *tosefet* that he added as an afterthought, and it is this afterthought that serves as an adequate legal basis for marriage.

All of life is a loan. Nothing really belongs to us; we must return everything to the great divine Lender. But sometimes it seems too insubstantial to arouse in us the proper kind of gratitude. We are neither cognizant nor appreciative of all that God gives us. We accept it as part of the normal process of living – and life is *eina mekudeshet,* empty and profane. But sometimes God adds an extra gift. His *tosefet* – extra wealth or extra happiness, an extra portion of *naḥas,* an extra stroke of good luck – that is what makes life so much more adorable, so much more pleasant, so much more cherished! The "furthermore," the extra little gift, becomes more important than the loan, the *ikkar,* the major part of living.

That lesson must not be lost upon us as religious Jews. What we call "Modern Orthodox Judaism" has often sinned in this respect. We frequently define ourselves relative to those to the right and those to the left of us. In contrast to those to our left, we maintain our undiminished loyalty to the halakha. In opposition to those to the right of us, we do not believe it is proper to spend our days searching for greater *ḥumrot,* for more severe interpretations, combined with an antagonistic attitude to the State of Israel. We do not define greater piety as requiring more restraint than the Torah does originally. Now, be that as it may, what happens is that frequently our observance of Jewish law becomes strict and restrained, in the sense of making us feel that it is almost impious to allow ourselves any greater latitude of piety. We forget that Judaism is more than halakha, that it requires of us a greater show of warmth and passion and piety. We have gotten ourselves a dreadfully wrong impression: as if any show of religious enthusiasm beyond the strictly minimal requirements of the *Shulhan Arukh* is forbidden. Therefore, the Torah has sometimes seemed a burden instead of a blessing, and Judaism has been wrongly

interpreted by us as consisting wholly of halakha and never of the supererogatory, the additional show of affection and loyalty that is not strictly required and deemed necessary by the law.

It is important for us to remember the same principle especially with regard to married life. Everyday routine and obligations and duties – they are the *ikkar,* but they are not enough. If married life is to be happy and successful, there must be *tosefet,* each partner must add the extra little gift. In a halakhic journal in Israel a few years ago, one writer put it quite shockingly: Woe to the couple that lives its life strictly according to the *Shulhan Arukh*! The Code of Jewish Law (in *Even HaEzer*) records the claims and counterclaims, the mutual duties and obligation, of each partner in a marriage. That is the *ikkar*. It defines obligations and rights. But it does not yet make life livable. What makes married life something special, what sweetens it, is the extra gift or word or appreciative comment, the extra endearing term, the risk of extending oneself to his spouse beyond the requirements of law and morality and convention, even if one may prove thereby vulnerable to ingratitude and exploitation. The extra bit, the "furthermore," the *tosefet* – that is what makes life into *kiddushin,* something sacred.

At Yizkor we think of our loved ones. Among the many thoughts, often conflicting and ambivalent, some of the most precious memories revolve about the extra bit that a parent did for a child, above and beyond the call of duty: the *tosefet,* the special acts and deeds and words and gestures that therefore make Yizkor so very individual for each person.

The difference between *ikkar* and *tosefet* is equivalent to the difference between *din* (justice) and *ḥesed* (love). Or, to use a talmudic term, between *din* (law) and *lifnim meshurat hadin*

(beyond the requirements of law). Thus, the Rabbis taught, Jerusalem was destroyed at the end of the Second Commonwealth because Jews based their lives on the words of the Torah. They acted in accordance with *din* but not *lifnim meshurat hadin,* with law but not with the supererogatory warmth that Jews ought to show. Jerusalem was destroyed not because they were *kofer be'ikkar,* not because they were heretics in principle, but because they were, as it were, *kofer betosefet,* they denied God and themselves that extra bit, that "furthermore," that additional touch of love, warmth, and grace.

It is in this sense that the Rabbis understand the words of Isaiah in the *haftara.* Redemption and liberation of Israel, the rebuilding of Jerusalem, will come by going in the opposite direction of what caused this destruction: by emphasizing the "furthermore," the *yosif,* the *tosefet.*

We observe today the eighth, extra, concluding day of Passover. There are many reasons given why we observe eight days in the Diaspora instead of seven prescribed by the Bible. One of them (which goes back to the great kabbalist R. Moshe Cordovero) informs us that in Israel the atmosphere is holy because of the Holy Land, but in the Diaspora there is not enough sanctity to sustain us throughout the year. Therefore, we need a *tosefet kedusha,* another little bit of sanctity on the holiday, in order to carry us safely throughout the year. On this day of *tosefet,* of additional holiness, may we be privileged soon to witness the Messianic redemption, which is described in our *haftara* as addition.

And, furthermore, may we learn to invite and anticipate this redemption by ourselves practicing the ethic of *tosefet* in our own lives.

Creative Nostalgia

Passover is the season of memories. Its whole purpose is to bring back the memory of the Exodus from Egypt. We remember the splitting of the Red Sea, especially on the last days of the festival. At the Seder, we have symbols that recall to us slavery, such as the bitter herbs and the matza, which is interpreted as "bread of affliction," and symbols which remind us of freedom, such as inclining while eating and the four cups. Various items are in memory of the Temple, such as the first time we wash our hands at the Seder, and the sandwich of matza and bitter herbs. And, finally, on the seventh day of Passover we say Yizkor, which is an intimate experience of recollection.

Most of these memories are accompanied by and expressed through nostalgia – not just recollection in the sense of conjuring up mental images of facts, objects, and events, but also the experience of yearning, of longing. There is an element of love, sometimes in travail and sadness. Such nostalgia can be fruitful, especially for a generation that is rootless, that worships

the "now," that is unconscious of or deliberately ignores the past, that suffers from what has been called "future shock." For such a generation, Jewish nostalgia can be a link to the past. To some extent, it may serve as a countervailing force against the American and Western tendency to worship newness and novelty. Interestingly, nostalgia has become very much an "in thing." Notice the tawdry, sentimental, over-idealized romanticization of the shtetl, as expressed mostly in the popularity of "Fiddler on the Roof."

For a Jew, nostalgia makes theological sense. We are a people of the Covenant, and the Covenant between God and Israel describes and informs all of Jewish history and thought. When we do not remember the Covenant, we cut ourselves off from Jewish vitality and meaning. Recalling the Covenant is a religious act of the first order: it means that our loyalty has been affirmed and that we remain Jews. However, nostalgia is often a dead-end road. We tend to choke on our tears, to be paralyzed by nostalgic overindulgence bordering on self-pity, which has too much bathos and too little pathos, too much sentiment and too little soul. Jews must know that the Covenant is important not only as a past event which must be remembered, but as a definition of a relationship which must be implemented and perpetuated.

The Covenant happened in the past, but it must govern the present and determine the future. And so, we must move past ordinary nostalgia, beyond mere sentimental recollection, to "creative nostalgia"; to re-creation rather than mere recollection. The climax of the Haggada is really the articulation of the idea of creative nostalgia: "In every generation one must visualize himself as if he himself went out of Egypt.... It is because

of this that the Lord hath done unto me when I left Egypt. Not only our ancestors alone did the Holy One redeem from Egypt, but He redeemed us along with them."

This implies no ordinary nostalgia. Here we have the expression of truly creative nostalgia. How does one go about achieving such creative nostalgia? There are three ways. Psychologically, it requires what might be called de-historicization, looking upon the past not as scholars, but emotionally participating in it as if it were a living event by mentally erasing the intervening years, by bridging the gap of time, by re-projecting oneself empathetically into the past. Intellectually, one must do the reverse and try to understand the past as a part of the context of history, analyzing it perceptively. Finally, having felt through the past, and understood it intellectually, we must practically and existentially use the past, by resolving to change and grow into the future on the basis of the lessons of the past. When we have done these three things we have moved beyond ordinary to the creative and redemptive forms of nostalgia.

For example, the *sefira* weeks are known as a period of semi-mourning. Tradition tells us that during this time 24,000 (or 24,000 pairs) of the disciples of the famous R. Akiva were killed by a plague. This came at a crucial time in Jewish history, just as R. Akiva was sponsoring the great Bar Kokhba rebellion against the Roman tyrant. Now, if we indulge in ordinary nostalgia, we must remember what has happened, feel sorry for the victims, and then refrain from weddings and haircuts and music and theater for about one month. But if we are to practice creative nostalgia, then we must go much deeper. Psychologically, we must try to feel the impact of the loss of so many scholars by transferring that event to our own days. Then we will be

able to appreciate poignantly the tragedy of Jewish life that is deluged with Jewish illiteracy and ignorance, when life could have been so much more vital and meaningful had we been blessed with more scholars. This painful pinch, this prick of grief at our own condition, is an act of creative nostalgia for the past. Then, intellectually, we must inquire why this happened. Here we return to the same tradition that is the source of the original information. This tradition tells us that they perished because "they were not as one heart with their teacher and they did not act respectfully toward one another." The terrible divine decree came because their orientation to their teacher, the immortal R. Akiva, was less than perfect, and because they did not honor each other.

Finally, we must ask what we are going to do with this information in our lives. The answer is that we must make it possible for our community to further develop and reemerge from the vast Jewish ignorance that characterizes our life to a life of greater literacy and understanding. It means that we must learn the lesson of how to express affection and love for great Jews. It means that even when we disagree with the communal decisions of eminent Torah personalities, we must do so with sensitivity and respect and never with annoyance or chutzpa. In the political context of the State of Israel today, we must be extremely careful never to overstate the case against Jews who have made immortal contributions to the state and the people of Israel but who have proved to be flawed and merely mortal. Jews must never be ungrateful to those whom they hailed in their hour of glory. We must learn the principle of mutual respect among all Jews, of muting the harshness of criticism, and trying to understand each other with a bit of love and honor.

Another example of creative nostalgia is Yizkor. Yizkor is so appropriate to nostalgia, a word compounded from two Greek roots, *nostos* and *algos*, "return" and "pain." Yizkor is a nostalgic experience; it is a time of painful remembering, of indulgence in bittersweet memories. At Yizkor we are overtaken with nostalgia as we perform a kind of *sefira* of the years, as each Yizkor and *yahrzeit* ticks off another year since the death of loved ones, and re-awakens at each count the eternal flame that stays alive in the embers of old loves, as we review childhood scenes both beautiful and sad.

However, Yizkor must never remain in the category of ordinary nostalgia. Mere nostalgia is simply inadequate because it threatens to be reduced to a stale review of the same memories, which weaken with the years. For we must begrudgingly acknowledge that as time itself pulls us away from the nexus of love relationships, their emotional impact is diminished. With time, we lose the vision of the uniqueness of those whom we remember. Eventually, the psychological element subtly transforms into a philosophical attitude, and we come to view those we memorialize, and ourselves as well, as simply passive agents in the blind perpetuation of the species, as if all of life was but a meaningless link in an almost endless chain of biological continuity. But if that is so, then we are really no different from animals!

Creative nostalgia means the salvaging from the past of what was noble and beautiful and holy, by trying to perceive what was unique and creative, and building on it. In one word, the creative nostalgia in Yizkor must lead us to surpass the past.

In this sense, I must surprisingly (even to myself) disagree with a dictum of the Rabbis. The sages told us (*Tanna*

DeBei Eliyahu 25), "A man must always say to himself: When will my deeds equal those of my parents or ancestors?" Once upon a time, in the days of the sages and until quite recently, that statement was not only adequate but a moral imperative of the first order of importance. But no more! Unfortunately, it is no longer true.

If we are no better than the last generation of Jews, we may, Heaven forbid, become the last generation of Jews. We can't be as good as they were. We have got to be much better. I remember delivering my first Yizkor sermon as a young rabbi. Coming from the intensely Jewish background that I do, and having been raised in a special kind of Jewish home, I appealed to the congregation to resolve to live up to the example set for them by their sainted parents. After the service, a fine gentleman approached me and very discreetly said to me the following: "Rabbi, perhaps you ought to rethink your approach to your congregation. You want us to live up to the models set for us by our parents. Well, I just said Yizkor for my father, whom I loved very deeply. But he was a man who never observed Shabbat, was almost illiterate Jewishly, and never came to the synagogue except to say Yizkor for his parents. Is that the model you wish me to emulate?"

Creative nostalgia means, today, that each one of us must outdo his parents. Redemptive nostalgia means that we must fulfill the rabbinic requirement that the living must redeem the dead. We must give *naḥas* retroactively to parents and grandparents by surpassing them. Of course, healthy-minded parents know that there is no greater joy and pride and *naḥas* than when their children exceed them. The Rabbis (Sanhedrin 105b) taught: A father is never jealous of his son and a teacher never

envious of his student. It is a sign of authentic parenthood and genuine teaching when one does not begrudge greater success to a child or pupil. A truly creative and redemptive nostalgia means to promise our parents and grandparents that we will try to have children who are better human beings and Jews than we are; and grandchildren who are better human beings and Jews than they were!

I have spoken of the two levels of nostalgia as an aspect of the Covenant. But the Covenant is a statement of historical mutuality between God and Israel. And if this Covenant summons us to rise to creative nostalgia, then that same Covenant also obligates God to analogous achievements. Indeed, the prophets speak of God as experiencing nostalgia! In the words of Jeremiah, for instance, God addresses Israel as a husband who loved his wife when they were young and happy, but who has suffered terrible agonies of separation, disloyalty, and strife, and now is reunited with her. God says to Israel: "I remember [nostalgically!] the grace of your youth, our love during our early marriage, how you followed Me through the wilderness in a land which was not sown" (Jer. 2:2). Or, sometimes God speaks to us with the nostalgia of a father who loves his young son; the son betrays him and goes into strange and terrible paths, and later a spark of the possibility of reunion arises. So God, our Father, speaks to us: "Is not Ephraim [i.e., Israel] a darling son, a delightful child? For as I speak of him I will remember him; as My heart yearns for him, therefore shall I love him again" (31:19). So, indeed, the Lord experiences nostalgia.

Even as the Covenant challenges us to rise to a yet greater form of nostalgia, the creative variety, so do we, humbly and respectfully, summon the Almighty to implement not only

ordinary nostalgia, but the redemptive kind as well. As we say "let God remember," we urge Him on to the memory that will reveal His redemptive nostalgia. And that means redemption, salvation of His people, the coming of the Messiah himself, about whom we read in the *haftara*. Our God and God of our fathers, the time has come to experience once again beautiful nostalgia as You remember us and our ancestors. But much more important, remember as well Your promise to bring Messiah, and redeem us and especially watch our Jerusalem in these hours of Israel's crises and anguish. Have pity on us and save us, redeem us. You are a God who not only remembers, but practices mercy and compassion. You are a God who is creatively and redemptively nostalgic.

The Old Man

Yizkor is a time when we remember all kinds of relatives and friends who were dear to us, especially parents and grandparents. It is these last two, parents and grandparents, but especially grandparents, who are the subject of my remarks this morning. These comments are based largely on the thoughts of my eminent teacher, R. Joseph B. Soloveitchik. The three people who were first called "fathers" among our people were the three patriarchs, Abraham, Isaac, and Jacob. Each transmitted his teaching – what was later to become the great tradition of Judaism, the *mesora* of Israel – from father to son. The connection of a man to his grandson was mediated by his own son. Thus, the tradition of Abraham came to Jacob through Isaac.

Hence, the importance in Jewish history of father-son relationships. On the one hand, the father was instructed to teach his son: "You shall teach [the Torah] diligently to your sons" (Deut. 6:9). On the other hand, when one man taught another, he was regarded as if he were his biological father.

But I am even more impressed with the relations of grandfathers and grandsons and their ability to get along with each other. This is symbolized by Jacob, who was the first one to be called a "grandfather" as such. Others "became old," but only Jacob was "the old man." About Abraham we read, "Abraham became old, well-stricken in years" (Gen. 24:1). But when Joseph meets his brothers the second time, and they do not recognize him, and he wants to ask how their father is, he says, "*Hashalom avikhem hazaken* – Is all well with your old father?" *Av zaken* in biblical Hebrew may either mean "old father" or "grandfather." In the Midrash, Jacob is frequently called *Yisrael Saba,* Israel the Grandfather, or Israel the Old Man. And, by extension, all the Jewish people are called *Yisrael Saba.* Jacob, the "choicest of the patriarchs," was the first one to cross the generation gap. He was the first to create direct relationships with his grandchildren. Thus, when at the end of his life he gives his blessing to his grandchildren, he is not only stating his last will and testament, but describing an existential situation: Ephraim and Manasseh shall be to me like my own children, Reuben and Simeon. Ephraim and Manasseh's father was too busy being prime minister of a great empire to have much time for his children. And so Joseph's father, Jacob, took over his duties and befriended his grandchildren. Jacob was the one who founded this profound relationship of love and affection, and even intellectual collegiality, with his grandchildren.

In the Mishna (Eduyot 2:9), R. Akiva speaks of the relationship of a father to his son. A father can bequeath to his son certain qualities that are his biologically or financially or culturally. Thus, if a father is handsome of appearance, the son is generally so. If the father is healthy and powerful, genetically the

son generally follows the same pattern. If the father is wealthy, he will usually share it with his son. A father who is intelligent and wise will bequeath to his child perhaps the intellectual capacity which is his, and certainly will attempt to share with him his wisdom and the knowledge that he has acquired in his lifetime. And, often, longevity is genetically bequeathed from father to son. But this Mishna ends with one more element by R. Akiva: "*Uvemispar hadorot lefanav vehu haketz* – And in the number of generations before him, and that is the end." This last clause was highly problematical to the commentators. They were terribly perplexed by it, and it is difficult indeed to find an adequate explanation.

R. Soloveitchik interprets this passage as follows. *Hadorot* represents man's ability to leap over one generation and establish direct and intimate contact with the one that follows it. It is the peculiar ability to use the stuff of Judaism, its teachings and its traditions, as the basis for a dialogue with other generations, despite the differences in cultural milieu. Thus, Jacob was raised in rustic Canaan, and his grandsons in cosmopolitan Egypt, and yet they were able to converse with each other. This is indeed a great *zekhut* that a father can give to his son – namely, the ability to communicate with his son and daughter, with the grandchildren, in a meeting of "the number of generations." *Haketz* refers to the *ketz hayamim,* the end of days, the coming of the Messiah. For the Messiah will come and his advent will be noticed when the generations of Jews will be reintegrated, when the *mesora* community will be reestablished, when our ancient tradition is revivified in the hearts of the young. Indeed, the *haftara* on the eighth day of Passover speaks of the coming of the Messiah. Who was the first

to foretell his coming, according to the sages? It was Jacob, who desired to reveal to his children the "end of days," the coming of the Messiah, but unfortunately his prophetic spirit departed from him. Jacob, the "old man," the grandfather, is the one who, by virtue of his talent for *mispar hadorot*, knows the secret of the redemption at the end of days.

Permit me to turn autobiographical, as I suppose one must when discussing generation-gaps. I mention this as merely an example of what I am sure others can describe, in other ways, from their own experiences. I was blessed with a great and unusual grandfather, of blessed memory. He was my teacher in Torah from the time I was about eight until I was twenty-one. As I became older, I often marveled at the ability of the two of us to communicate across the gap of so many decades. After all, we were so very different! I was a youngster, completely inexperienced in any aspect of life. He had come from a distant continent, through all kinds of wanderings, full of life's painful experiences. I was the product of sophisticated, modern New York. He came from the countryside of an area that cannot be identified without specifying the periods before the war – sometimes Hungary, Poland, Romania, Austria!

So here we were: the village grandfather and the big-city grandson. I was highly learned in all the complex intricacies of baseball, and had committed to memory the baffling statistics of batting averages of all the leaders in this sport. My grandfather didn't even know what the National League was! He was filled with all kinds of rabbinic and hasidic lore, the relevance of which I sometimes doubted; and I was interested in science and literature and philosophy, and he had doubts as to the value of my interests, especially the latter two. We communicated in

Yiddish. He spoke Yiddish with an admixture of a few words of English to me, and I responded in a Yiddish that was more English than Yiddish. I came to this encounter fresh and full of youthful energy. And then I looked into his eyes – large, sad eyes, occasionally tear-covered, eyes that bespoke sadness mixed with humor, understanding, and love, affection and wisdom. As I gazed into those eyes, I thought then and I think even more now, what lay behind them, what memories echoed in his head, what impressions and incidents that were painful and pleasurable, happy and tragic, concerning generations of people great and small, who had long passed into history. He was in the Indian summer of his life, I in the early spring. Could we ever learn to talk to each other?

But of course we did. He opened the Talmud and the dialogue began. (I am still beguiled and bewitched by the memory of the odor: the delicious, musty smell of old texts, mingled with the waft of nicotine from his cigarettes.) One of us began to recite the Gemara. He helped me as I stumbled through the text. But then I challenged him on a point, and he sought assistance from one older than himself. It was as if the door silently opened, and in walked someone, invisible, much older, but a very real presence. It might have been R. Yitzhak Shmelkes, the Rabbi of Lemberg. But I would not accede to his authority, and I pulled in to my side another old man, also a Rabbi of Lemberg, R. Yosef Shaul Nathanson. As the four of us continued the discussion, other people came in from other generations. Soon the table was crowded. There were not only my grandfather and myself, and the two Rabbis of Lemberg, there was also Rashi, and his grandson, Rabbeinu Tam, and then there was Rambam and Ramban and Rashba.

Soon sharp words were exchanged, we began criticizing each other, we took sides and changed sides every few minutes. My objections had nothing do with adolescent rebellion, and his answers had nothing to do with a put-down of a young upstart. The dialogue spread, and soon it became a symposium of the generations. The gap had been breached; the *mispar hadorot* had been achieved. We were no longer just grandfather and grandson; he was my friend, I his colleague. To this day my own personal, subjective, emotional picture of what the Messianic period will be like is just what I described!

On the occasion of Yizkor, we each think back upon the past, not only parents but also grandparents, and ponder that *mispar hadorot*. But when we read in Isaiah the prophecy of the Messiah, we must also look to the future, to our grandchildren or, someday, with the help of God, our grandchildren-to-be. If what we give to them, through our own children, is only this-worldly – handsomeness and strength and wealth and intelligence and longevity – this will not by itself hasten the redemption.

We must strive, even more, for the ability to relate and communicate to them directly in a Jewish dialogue. For those who can, there must be a study of Torah. By all means, grandparents must take their grandchildren with them to the synagogue to experience prayer together. At the very least grandparents must initiate their grandchildren, not only their children, to a sense of responsibility for the Jewish community, to worrying and caring and concerning oneself, in cooperation, for Jewish causes.

When the *mispar hadorot* will be an exercise in Jewish endeavor, we shall be blessed with the circumstances of redemption and the coming of Messiah.

To a Hundred and Twenty

The Yizkor services conclude with the reading of Psalm 16. The closing verses of that Psalm are a resounding dedication to life: "For You will not abandon my soul to the grave, nor suffer Your faithful servant to see the pit. You will make known to me the path of life; in Your presence is fullness of joy, at Your right hand bliss forevermore." These verses are expressive of Judaism's high evaluation of life. It is this theme that I wish to discuss here.

I would like to share with you something that troubles me. I am disturbed by a perceptible change in the attitudes of our own people, a change that has in *very* recent years crept into ordinary language and daily conversation. Let me explain. Not too long ago, I would say to someone, in the manner of our people, *ad me'ah ve'esrim*, "to a hundred and twenty years!" The response would normally be, "Thank you, you too." Nowadays I notice that too many people do not offer that response. Instead,

they say, almost fastidiously, "Oh no, no, no thank you! I hope it won't be that long!" What sounds like a trivial witticism is to me indicative of a shift in perspective on the weightiest of all issues, that of life and death. It is a symptom that is deeply unsettling.

I grant that none of us wants, Heaven forbid, an old age in which we are lonely, a burden on others, especially loved ones. The Talmud records more than one case in which the sages would occasionally pray for a speedy and painless death as a relief for a colleague burdened with excessive pain, senility, and the like. Yet unquestionably, life is an exceedingly precious and sacred value. So, instead of saying, "No, thank you," to the wish "to a hundred and twenty," better to be thankful for the greeting and pray that the long life wished upon you be pleasant, independent, dignified, and honorable.

Consider what has happened to society in the last years. I remember preaching a sermon in which I tried to show that Judaism had long, long ago anticipated Albert Schweitzer – the medical missionary who built the great leprosarium in Gabon – in his grand theme of "Reverence for Life." It seemed all so obvious, so unexceptionable. Schweitzer was, after all, widely regarded as a contemporary saint; he was the darling of the liberal press. Nowadays, however, one hears nothing of "Reverence for Life." Instead, ethicists speak of "the Lifeboat Ethic" – the right of the haves to keep away the have-nots in order that at least the haves can survive, the right of those of us in the lifeboat of affluence to slam down our oars on the grasping fingers of drowning humanity.

Decades ago our major concern was the value of life. Today we speak much more of the worthlessness of life under certain conditions. Then, a vision that inspired young and old

alike was the Green Revolution, which would allow us to feed millions of people. Today we seem more concerned with the right to die.

Our Torah and our tradition teach that man cannot and must not play God. Pharaoh, whose defeat we celebrate on Passover, did – and that is why he devised a euthanasia program for the ancient Hebrews: "Every male child that is born shall be thrown into the Nile" (Ex. 1:2). The Torah, the law of the erstwhile slaves of that Pharaoh, teaches that *every* living being has an absolute claim on life, and we dare not destroy one life in favor of another.

I am not addressing here a legislature or a medical convention, and therefore I will not go into the details of the halakha or present any of the criteria on which important decisions must be based, as physicians must so often do. I am deeply concerned, however, by our own eroding values. I am concerned that we as Jews have suffered an assault upon our axiology, upon our scale of values and structure of thought. Our vision of the sanctity of life has suffered a great setback. Again I must say that I do not deny that there are problems, severe ones. But I would like to foster among us a more affirming, positive, constructive attitude to life itself – a Jewish attitude toward the sanctity of life. Yes, may you live "to a hundred and twenty years" – in health and joy and dignity and honor. And don't "settle" for less!

I recognize that this change in attitude has many sources. I should like to refer to three of them. The first is the result of advances in medical technology. More than ever before, we run the risk of prolonged anguish in the twilight zone between life and death, and it is that which we so fear and which makes us prefer an early death. But that is a neurotic response. Is ours the

first generation that had specters of suffering to mar our vision of old age? Is not the future always dangerous and frightening? Did not our parents and grandparents and great-grandparents pray, "Do not abandon us at the time of old age"? Must we shrink and recoil at the prospect of living on a respirator, as if this is already the norm for most elderly people? Must we not have some modicum of faith and confidence that God will be good to us? Life was always precarious, and people of faith always approached it with confidence, even if with underlying fear. And people of faith today, too, should not become neurotic!

A second reason that I can discern for this fear of "to a hundred and twenty" is caused by the structure of society today. Older people at or near retirement are often afflicted with a mood of impending uselessness and hence resignation, weariness, and loneliness. But this is an error – a profound theological and existential error. I wish to address myself not only to elderly people, and those near retirement, but to young people as well – as young as twelve and thirteen. Start planning for your retirement when you are still in your teens! If you will train yourself only for a professional career and a business, and put all your energy and vitality into that, then know right now that when you reach retirement age you will feel that there may be nothing worth living for! But if you start now in developing other dimensions of your life, without necessarily detracting from competence and proficiency in your careers, then you will find that life has a meaning that far transcends the money-making and reputation-building part of your active life. Judaism bids you define yourself as the image of God, unutterably precious just because you are who you are, singularly and individually, and

not merely as a replaceable functionary or cog in the machinery of society.

A genuine Jew should not expect that after he leaves this earthly scene, the Angel Gabriel will proclaim his arrival as "Here comes Mr. Goldman the stockbroker," or "Behold, here arrives Mr. Rabinowitz the diamond polisher," or "Mrs. Cohen the housewife," or "Miss Gordon the chairperson of French Literature." We are not our jobs! Our occupations are just that – occupations, not the essence of our lives. If Passover is indeed the season of our freedom, then remember: only slaves are defined by their work, evaluated by their occupations. Free men must transcend their occupations. Slaves who can no longer work are ciphers. Free men retain their humanity in their own eyes as well as in the eyes of others, even if they no longer can produce profitable labor.

Free and mature people must bear in mind that there is much to do after they retire from their official duties. There is your education, long neglected; talents that are not yet atrophied, and others that remain still undiscovered; people whom you can help, causes you can advance, and an inner life waiting all these years for your attention. The inner life – that which never appears on a job profile, and for which no company awards a silver watch, and yet is the most important thing of all.

The third reason for our sudden shyness at longevity is perhaps the most pernicious of all. We no longer respond favorably to the greeting "to a hundred and twenty" because we have assimilated the devaluation of life in contemporary culture. This devaluation is attendant upon economic factors – a growing population of more mouths to feed, and dwindling resources to feed them; more people who seek jobs, and less

jobs available. That may be the unfortunate economic truth. But Judaism adamantly refuses to subscribe to the proposition that economics should determine our view of life. On the contrary, our perspective on life and its meaning must determine our economics! Never, never, must we allow this desacralization of life – whether in the form of benevolent euthanasia, free and easy abortions, greater sympathy to deliberate suicide, or any of the other manifestations of this fundamental antagonism to life – to influence us. Here we must stand firm! It is not the first time – and it will not be the last – that Judaism has had to hold on to an unpopular opinion in the face of most of the rest of the "civilized" world. But for us it is important now to gird ourselves, to rededicate ourselves to the Jewish affirmation of life, and to reflect that dedication in our practice, our actions, our thoughts – and even in our speech.

As we proceed to Yizkor, we are grateful that those whom we memorialize had an opportunity to do all they did with their lives. But we know too that, as King David put it, "The dead praise not the Lord, neither any that go down into silence. But we will bless the Lord from this time forth and forever" (Ps. 115:17–18), and if not from this time forth and forever, then at least from this time forth until a hundred and twenty! Hallelujah!

Harmony without Homogenization

One of the most seminal thinkers in the Jewish tradition, about whom legend has weaved many beautiful stories, was the great R. Loewe, the Maharal of Prague. In his work *Gevurot Hashem,* the Maharal discerns one central teaching that emerges from a number of the laws relating to Passover. That principle is the unity of God.

Maharal explains that the Passover sacrifice could not be offered on the altar with any of its parts missing or burnt separately, but the entire animal had to be offered as one. Hence, the principle of an unfragmented unity. Similarly, the very idea of matza suggests the same theme. It consists of nothing but flour and water, the simplest and most minimal ingredients for bread, without any additives such as yeast or sourdough. Thus the commandment to eat matza and to refrain from *ḥametz* is again suggestive of the unity theme. Finally,

we are not permitted to offer the Passover sacrifice outside of the Temple Mount in Jerusalem. Every family had to come to the center of the nation and there, on the Temple Mount, offer the Paschal lamb, slaughter it, and eat it. Here the principle of geographical unity is affirmed in the laws of Passover. Hence, from all these laws, we learn to rededicate ourselves to the concept of oneness.

But Passover suggests not only the oneness of God but also the oneness of man; not only preachment but prophecy; not only doctrine but vision of the future. Thus we read for the *haftara* of this last day of Passover the immortal words of Isaiah, who speaks of the redemption to come at the end of days when the Messiah will arrive. Isaiah's words are known to all mankind: "And the wolf shall dwell with the lamb, and the leopard shall lie down with the kid...and the cow and the bear shall feed together" (Is. 11:6). In these metaphors the prophet paints for all men the picture of cosmic unity that will prevail when Israel will be redeemed. It is a vision of human oneness, reflecting and proclaiming the oneness of God that has fascinated civilization for twenty-five centuries.

But, of course, I realize that this sounds like a bromide. Who is against unity? It is, without doubt, a cliché. But clichés often conceal truths that are no less meaningful because they are well known and oft repeated. Unity, then, must be acknowledged as an obvious desideratum for individuals and nations alike. Nevertheless, permit me to offer one caveat, one modification. This too may be obvious, and yet it bears repetition. Unity is worthy only when it does not imply uniformity; harmony is a god when it does not insist upon homogenization. We must strive for oneness without insisting upon sameness.

Curiously, while we have failed to attain unity, an important political scientist, Prof. Dan Elazar, has pointed out that we are inclining to the ideal of sameness. All contemporary life seems to be heading toward the eradication of distinctions and the abolition of differences between groups that had always been considered as separate. For instance, our society tends more and more to abrogate the distinctions between man and woman, so that now clothing and hairstyle, and social and domestic functions, are such that the sexes are undistinguishable and sometimes interchangeable. Hence, that weird neologism, "unisex." The more liberal and sophisticated segments of society prefer to minimize and abolish other distinctions as well, such as that between Jew and gentile. On the campus too many young Jews (usually the more liberal segment) feel that the separateness of religions and races and ethnic groups is atavistic, and that proper universalism requires assimilation and mixed marriage – the easiest way to dissolving ethnic differences and religious distinctions.

Our society today is also favorably disposed to minimizing the differences between adults and children. Whereas once we used to pace the nature of experiences to which young people were habituated, until they became adults, we now seem in a rush to push our children prematurely into every kind of conceivable experience as soon as possible. Those parents who are benighted enough to want to postpone for their children certain experiences heretofore considered suitable only for adults, are looked upon by others with a beady eye, as if they were criminally curtailing the civil rights of their children. And not only do children become more like adults, but adults become more like children – in trying to emulate the mannerisms, the speech, and the clothing of

the "younger set." Similarly, sophisticated and progressive doctrine holds that we must erase the differences between teacher and student, between achievers and non-achievers. Other such distinctions could be cited.

These sometimes yield good results, for not all distinctions are legitimate. Mostly, however, this homogenization is disastrous. Confusion of function between men and women has produced a moral calamity in this country and throughout the Western world. The merging of Jew and gentile has been an unmitigated ethnic disaster. Diluting the differences between adults and children has created a psychological problem for growing people. Refusing to accept the distinction between achievers and non-achievers has meant scrapping of the "merit system," which has been one of the great contributions of American society. If we are not to recognize merit as being in some ways superior to non-merit, the real sufferer will be society itself, whom the meritorious segment is supposed to serve.

As a teacher, I can testify to the negative effects of the movement against the distinction between teachers and students. The revolutionary rhetoric of the sixties left deep marks even on quiet campuses. Today's college students do not even know that there was a time when there was required attendance at certain lectures. When we went to college, we accepted the fact that certain courses were required even if we were not interested in them. Today all this is rapidly being scrapped as an instance of "faculty paternalism." Students assert that they are the best judges of their own needs. Why should the student be told what to do by a teacher who has merely spent most of his adult life in research and scholarship and observing the flowering of young minds, when this student has already read two books

on the subject and thus exhausted all that is necessary for him to know about it? All is freedom; authority is gone.

Prof. Sidney Hook has pointed out that this radical group and many of their sympathizers have misinterpreted Prof. John Dewey, who asserted that all education should come through experience. They have misconstrued that to mean that all experiences are educational, and then that all experiences are equally educational. Hence, any one subject matter is as good as any other subject matter. But if candle-making is equivalent to chemistry, and astrology as good as astronomy, and flower-arranging as important as philosophy, then the curiosity and bent of the student is as authoritative and as determinative as the experience and intuition of the teacher. All is the same, all is alike, for teacher and student are not different from each other except that one is paying for services, and the other is a mere employee.

But this is not the view of Judaism. Halakha affirms that there are distinctions and differences in life that must be respected. There are differences between men and women: men are responsible for a certain number of commandments, while women are released from certain positive commandments that are time conditioned. Their functions must not be interchangeable. There are differences between Jew and gentile. One is responsible for 613 commandments, the other for only seven. There are differences between teacher and student. A teacher is required to teach the student within the context of a prescribed curriculum, and the student is required to respect and revere his teacher, even to the extent of rising in his presence – a law which often astounds some of our younger people today. There are clear differences between children and adults, even though children eventually become adults. Adults are required to care

for children. Children are required to give reverence and respect to their parents, and reverence to all older people even if they are no wiser than they and even if they are more ignorant.

Not only the halakha that deals with the here-and-now, but even the Messianic vision, affirms unity without uniformity, peace without identity, harmony without homogenization. Isaiah demands that the wolf dwell with the lamb – not that they look alike and interbreed, just that the wolf be less rapacious and the lamb not be victimized. The leopard will lie down with the kid, but the leopard will retain its spots and the kid will remain gentle. The cow and the bear will feed, but the cow will not be cowed and the bear, if we may say so, will be less unbearable. The differentiation of species will remain. The great vision of Isaiah is that of unity, not identity.

The concept of democracy and equality and egalitarianism is certainly valid, provided that the equality does not end in sameness, and that our avoidance of discrimination does not imply the end of distinction.

I repeat: not all distinctions should be preserved. The gap between rich and poor must be narrowed and even eliminated. That between sick and healthy, the haves and the have-nots, the illegitimately advantaged and the unnecessarily disadvantaged – all these differences ought to be narrowed. The good liberal doctrine which seeks to maximize opportunity for the greatest number of people may, for the most part, be accepted as good Jewish doctrine. There is nothing in the Torah that can support the economic discrimination against women or the exploitation of woman's labor in the market or in professions. There is nothing in the Torah that can possibly support a tyrannical, heartless, inhumane, or depersonalized university system.

Nevertheless, nature, psychology, civilization, tradition, and revelation do acknowledge certain separate classes, genders, and groups, and they assign to each different functions. Not always does the difference in function imply a difference in value; indeed, often we may assert positively that value remains the same, such as the distinction between man and woman, which is only in function and not in value, or that between child and adult. But differences there certainly are!

The halakhic tendency is that of unity with *havdala,* with "distinction." The halakha recommends intelligent, fair, and just differentiation. To distinguish, to choose, to differentiate – all this requires wisdom and insight, acumen and intuition. Isaiah's description of Messiah refers to him as being endowed with the spirit of wisdom and understanding and knowledge.

The Talmud, too, associates wisdom with differentiation and distinction. It tells us that the recitation of the liturgy of the Havdala, the distinction between the sacred and the profane that we recite on Saturday nights and on festival nights, must be recited in the fourth blessing of the *Amida,* the one in which we thank God for gracing us with wisdom. The reason for this: "If there is no knowledge and wisdom, wherefrom the ability to distinguish and discern?!" (Y. Berakhot 5:2).

It takes wisdom and understanding to strive for unity and yet avoid uniformity, to achieve harmony without falling into homogenization. Perhaps this is what R. Nachman of Bratzlav meant when he said, "When the Messiah comes, nothing will change, except that people will be ashamed of their foolishness."

It is appropriate to conclude – especially before Yizkor – by asserting that the best instance of this vision of pluralistic

unity that we have described is achieved within the confines of the family. The family is a laboratory of such rational unity. It is there that we achieve the feeling of oneness, where we find love and security and affection. If not in the family, where else can one attain these most necessary ingredients for human existence? Perhaps the memory of parents and grandparents who so desired that their families continue whole should prevail upon those of us whose families are rent by bitterness and divisiveness and enmity, to look into their own souls and rediscover the necessity and beauty of unity. Each person, each faction, must be willing to give in order to achieve the oneness of the family as a whole, so as to make home a place in which at least the possibility of love and the probability of security will prevail.

But if the family offers unity, never must it insist upon absolute uniformity and homogeneity. Parents must never attempt to make their children a carbon copy of each other, or even of themselves. Intelligent parents will seek to unify their family by allowing each member to develop in his or her own image and fulfill his or her own potentials. Neither must children demand of their parents that they keep up with the younger generation. Parents have formed their own outlook, developed their own style of living and speaking and reacting. Children must not imagine that because they are later in history they are therefore more sophisticated and wiser, and that they can demand of their parents to be "up" on everything that is now considered proper and fashionable.

In the family, above all else, we find a perfect reflection of what Judaism's conception of harmony and unity without sameness can be, and it is the most likely place for us to experiment in producing a miniature Jewish society.

שבועות
Shavuot

A Previous Engagement

One of the most significant phrases in modern life is "I have a previous engagement." Countless people have been saved from tedious meetings, wearisome conventions, and boring speeches by that pleasant, precious, and most effective device, "I have a previous engagement." It is the kind of disclaimer and escape that is never a complete untruth, and which allows both parties to retreat gracefully and graciously from what otherwise might be an embarrassing encounter.

Yet that same phrase is no doubt the most overworked and abused excuse in the lexicon of our times. Who knows how many worthy endeavors have been frustrated and lofty enterprises undermined because people lamely pleaded, "I have a previous engagement." It is painful to the point of being tragic when this phrase is bandied about by Jews as a means of avoiding their Judaism; when it is misused by those of our co-religionists who wish thereby to circumvent the moral and spiritual obligations that Torah places upon all of us. We stifle our own spirits

when, with an air of injured innocence, we dismiss Torah and mitzvot by waving the magic wand: "I am so sorry, I have a previous engagement."

The teaching of Shavuot is, in a manner of speaking, that no Jew may accept a previous engagement before coming to Torah – or, better, that Torah constitutes the "previous engagement" of every Jew! This primacy of Torah, this acceptance of it as our prime commitment and first allegiance, is of the essence of our faith. It is not enough to love Judaism, to support it, even to practice it. It must be our primary allegiance, our priority, our precommitment.

The famed Rabbi of Gur saw a reflection of this teaching in the very name we give this holiday. In his major work, the *Sefat Emet,* he writes that name Shavuot stands for "weeks," because the holiday always falls seven weeks after Passover. But, by a slight change of one vowel, the Rabbi of Gur reads not *shavuot,* "weeks," but *shevuot,* "oaths." It is a festival when we recall an ancient *shevua,* an ancient vow that made us the covenanted people that we are.

He explains the nature of this oath by referring to an interesting discussion in the Talmud. The Talmud declares that an oath that is superfluous is invalid. For instance, if I swear to rest every afternoon, that is a valid oath. If afterwards I again make the same vow, then the second time I am considered to have pronounced an invalid oath – for I am already under oath to rest, and therefore the second oath is superfluous. Similarly, the Talmud declares, if a man swears to perform a mitzva such as fasting on Yom Kippur or making Kiddush on Shabbat, that oath is invalid. The reason is, every Jew is *mushba ve'omed meHar Sinai,* already under prior oath from the time of revelation of

Sinai to observe all the necessary mitzvot. Hence, any new oath to observe a mitzva is unnecessary and invalid (Nedarim 8a).

This, then, is what Shavuot tells us: We are born under prior oath. We come into this world already endowed with a previous engagement. Our spirits and loyalties and allegiances are already engaged. We may accept any assignments or duties, provided that they do not conflict with the teachings of Torah. We can be businessmen, society people, scientists, philosophers, or athletes – on the sole condition that these endeavors do not in any way contradict our fealty to our faith, our loyalty to the Almighty. For that is our previous engagement: we are *mushba ve'omed meHar Sinai.*

Indeed, we may take that word "engagement" quite literally in its domestic or marital sense. We are engaged or affianced to the Almighty! We read in the Torah that "*Torah tziva lanu Moshe, morasha kehillat Yaakov* – Moses gave us the Torah, an inheritance for the congregation of Jacob" (Deut. 33:4); the Rabbis declared that one should read not only *morasha,* "inheritance," but also *meorasa,* "engaged" or "betrothed." Israel and God are, as it were, an engaged couple! And just as bride and groom, husband and wife, know that each has first claim on the affections and devotions of the other, so Israeli first loyalty and first love is to God; He and His Torah are our previous engagement. No wonder we speak of marital "vows" and of "pledging" our troth. The vows we took at Sinai are of the most intimate kind; our previous engagement is more than a casual encounter – it is of the intense, delicate, and profound sort.

We are born into our previous engagement. The prophet declares, "*Ani rishon af ani aḥaron*" (Is. 48:12). The Almighty cries out, "I am the first and I am also the last." A Hasidic

interpretation, filled with humor and sarcasm and profound perception, reads that verse not as a proclamation, but as a complaint, as a lament. The Almighty regretfully protests that there are times that He is the first, and there are times that He is the last. What happens when recession threatens and a man feels that business is not going too well? He begins to cut back his expenses, to trim his budget. And what is the first thing that suffers? Charity, philanthropy, the synagogue, education – "I am the first"! And when a man finds himself in trouble, in crisis, he turns to all kinds of people to help him. He goes to a doctor, then to a bigger doctor, then to a specialist, then to a world-famous expert. And, finally, if that too does not help, as a last resort, he turns to God in prayer – "I am the last."

This is precisely what happens when Judaism is not our previous engagement. What Shavuot demands of us is that religion become utterly serious for us, not the first thing to turn from and the last thing to turn to. For the test of the authentic Jew is: What is his prior commitment? All the various activities in which we are engaged, from entertainment and luxury to pursuit of profit and fashion, are not necessarily unjustifiable. But the question is: Which takes priority in our lives? In case of a conflict, which comes first? Which do we hold to be superior, and which is the judge of the other values? This, and this alone, is how we can determine whether we are being truly Jewish.

A marvelous restatement of the same theme, in a manner worth remembering, is given to us by the author of *Benei Yissakhar* based upon an insight provided by the famous R. Loewe, the Maharal of Prague. It is remarkable, for one thing, that Shavuot is the only holiday mentioned in the Torah for which no clear and precise month and day is given. We are

merely told that it is to be celebrated seven weeks after the Passover. Second, the study of Torah is one of those few mitzvot for which no specific time has been set aside. Would it not have been better had we been told to study Torah during specific times of the day and night? Finally, the verse in the Book of Joshua that informs us of the fact that Torah study has no set time, reads: "And you shall meditate on it *yomam valaila*, by day and by night" (Josh. 1:8). But according to the Jewish system, night precedes day; should not, then, the verse have read "by night and by day," instead of "by day and by night"? He answers that Torah is different, because Torah is *lemaala min hazeman*, "beyond time." Torah is not subsumed under the usual temporal categories.

Torah, according to the Talmud, was created a long time before the world, and will continue to exist after the world is gone. Because Torah transcends time, therefore, no enterprise, no endeavor, no value can be placed before it. That which is above time is before all else; none may plead "I have a previous engagement" when it comes to timeless Torah. This means that if we take our Judaism seriously it must be the ultimate value to which everything else must yield and to which it must lead. It means that religion cannot be seen merely as a tool for the survival of a nation, or as part of a civilization, or as an aspect of a culture, or as a psychological crutch. If indeed Torah has the prior oath of all of Israel, that means that all values must bend to it. Therefore, for instance, the State of Israel must serve to enhance that ancient oath we took at Sinai. The State of Israel is not an end in itself but only a means, a means to *geula*, to redemption. And I will go one step further: What, in turn, is the purpose of *geula*? That too is a means, and its ultimate goal is that freedom which allows Jews to be true to themselves by

living an exquisitely moral life with Torah, thus fulfilling our historic mission of teaching the word of God to all mankind.

It is more than just a happy coincidence that we recite Yizkor on Shavuot, the festival of *mushba ve'omed meHar Sinai*. On this day when we remember parents and grandparents; we realize that we have not been created new, but we are, rather, a link in a long and venerable chain. This chain is one that goes back to the beginnings of our people. Each link, each generation, has the sacred function of transmitting to the next that *shevua*, that holy vow, first taken by our great-grandparents at Mt. Sinai.

Yizkor is, then, not only a sentimental recollection; it is also an inspiring reminder of the vows we exchanged with Almighty God at the foot of that desert mountain. It is a challenge to recapture that exciting sense of commitment as we look back through the dim recesses of the corridors of history to that bright moment when God and Israel pledged their troth to each other; when He vowed that He would be our God, and we swore that we would be His people. All else is secondary to that, for God is our previous engagement, even as we continue to cherish the hope that we will always be His first love.

Sinai – Burden or Blessing?

Shavuot, the time of the giving of our Torah, is appropriate for a discussion of the theme of *am segula*, the Jewish concept of the Chosen People. This idea is affirmed every time we read the Torah, when the individual who is honored to rise to the Torah recites the blessing *asher baḥar banu*, thanking God that He has chosen us.

It is a concept that is repeated especially on holidays when, in the Kiddush, we proclaim *asher baḥar banu*, that God has chosen us from among all the peoples. It is a doctrine that plays a paramount role in Jewish thought. It was promised to Abraham, proclaimed to Moses, and promulgated at Sinai. And for Rabbi Yehuda HaLevi it is the very core of Jewish religion and philosophy. What, briefly, is the contents of this idea? According to the Torah, it implies two functions: that of Israel as a *goy kadosh*, a holy nation, and as a *mamlekhet kohanim*, a

kingdom of priests. The first function, that of a holy nation, relates to our separateness from the rest of the world insofar as our loyalty to Torah is concerned. It means that we are a people devoted to attaining sanctity by observance of all the commandments, by following the life of halakha. That is why the concept of chosenness is so frequently related to the study of Torah.

The second function, that of Israel as a kingdom of priests, relates to our chosen obligation to the rest of the world. *Kehuna*, or priesthood, is defined in the Jewish tradition as a teaching vocation. Thus, the prophet Ezekiel says of the priests: "*Ve'et ami yoru bein kodesh leḥol* – And they shall instruct My people to distinguish between the sacred and the profane" (Ezek. 44:23). Israel was elected to teach the rest of the world the knowledge of God and the service of God. Chosenness, therefore, is a service of teaching and a teaching of service.

However, this doctrine of election has not fared well in the modern world. The Western democratic mentality finds it hard to accept a unique role for any nation, and the idea is therefore problematic for Western man. In the twentieth century, millions of people became the victims of a racism which declared one race superior to others. It is therefore quite important for us to know what chosenness is not.

Let it then be said above all else that this doctrine is not one of racial arrogance. We do not bless God who has chosen us *al kol haamim*, above all other peoples, but *mikol haamim*, from among all other people. There is nothing in this theory that relates to an innate superiority of the Jewish people. On the contrary, there is in the Talmud a reference to just the reverse! That chosenness does not imply an ignoring of or a feeling of superiority over the rest of the world is

already implicit in the fact that, as we have already explained, one aspect of chosenness is our priesthood. Indeed, the very act of divine choosing of Israel is related to His love for the rest of the world. When we were told that we were to be the *am segula*, the special possession of the Lord, the Torah quotes God as saying that He has chosen us "*ki li kol haaretz* – for all the world is mine" (Ex. 19:5). The Italian-Jewish commentator Seforno explains that this means: you shall be the kingdom of priests to interpret and explain to all of mankind how to call upon the name of the Lord and to serve Him with one shoulder.

How does this teaching take place? It is rarely direct, by instruction in words. More often, it is, or should be, by example. Most always the best and most effective way of teaching the presence of God is through the very mystery of Jewish history. Our survival as an intact people is the greatest testament to the existence of God.

Closeness, then, implies a responsibility to all others. One contemporary scholar has discovered, in a study of the Rabbis of the Mishna, that the greater the stress by the Rabbi on the idea of the chosen people, the greater the breadth of his universality. Thus, for instance, the same R. Akiva who proclaimed that "beloved is Israel for they were called children to God" is the one who proclaimed with equal sincerity, "beloved is man – all of mankind – in that he was created in the image of God" (Avot 3:14).

To reject, therefore, the idea of Jewish chosenness because it can – and with some non-Jews has – degenerated into a vicious kind of racism, to a Herrenvolk idea, is to throw out the baby with the bathwater. Any idea contains the risk of distortion, and the nobler the idea, the greater the danger and

the uglier the perversion. For instance, the very idea of government can lead, in the extreme, to a suffocating tyranny; shall we, therefore, all become anarchists to avoid this danger? Religion may degenerate into superstition; is that a reason for atheism? Liberty often develops into libertinism; must we, in order to remain moral, become authoritarian autocrats? Respect can become a submissive subservience; must every stanch individual therefore become a flippant rebel? Love often becomes lechery; does that speak well for the monastic ideal?

The fact that the idea of chosenness can and has become deadly is all the more reason for us to affirm its true meaning for us and our children after us. But let us be honest with ourselves. We have said that chosenness implies the holiness of our people and the teachings of Godliness and Torah to the rest of mankind. But can we Jews continue to claim chosenness in the twentieth century? In the American Jewish community Orthodoxy is in the minority. Most people do not study Torah and most people do not observe all or even most of the mitzvot. A recent poll proves, to our chagrin, that the highest percentage of those who do not believe in God come from the Jewish community. How then, under such conditions, can we say that it is we who are to teach Godliness to others? Does not the idea of the chosen people, in our times, become totally irrelevant?

Permit me to propose an answer by presenting an apparent contradiction between two famous talmudic traditions. In one place (Shabbat 88a) the Rabbis tell us that the Torah was given to us under coercion. God lifted Mt. Sinai above our ancestors as if it were a gigantic cask, and He said: If you accept the Torah, then good and well; I will return the mountain to its roots. However, if you do not accept the Torah, I will hurl it down

upon you, and this shall become not the mountain of revelation but a collective tomb where all of you will be buried alive!

The second tradition (*Midrash Tanḥuma, Parashat Haazinu*) tells an entirely different story. The Almighty carried the Torah to every single nation and offered it to each of them. But each time He received a refusal; none accepted. Some felt they could not abide by the commandment prohibiting stealing; others rejected the prohibition of murder; still others could not reconcile themselves with the commandment against adultery. Finally, He came to this small and insignificant people called Israel and offered them the Torah. Here He found acceptance. Israel answered, with one voice: *Naaseh venishma*, "We shall do and we shall accept."

The two traditions are remarkably different. In the first, God chose us; quite literally, we had no choice. It was either Torah or death. In the second tradition, we chose Him. In the first we were the chosen people; in the second, He was the chosen God. Are these traditions not opposed to each other? Do we not have, then, a real contradiction?

The answer is that there is no conflict between them, and that both are necessary. Indeed, these two traditions together serve to underscore the central meaning of the theology of chosenness. Both chronologically and logically, God first chooses us, and then we must choose Him. He chose us only once, at Sinai. This choice thereafter devolved upon every Jew, in any place and at any time, no matter what his wish, his commitment, his conduct. For all eternity, any one born into this people is chosen. But we must choose Him anew in every generation. Indeed, every individual must choose God all over again. Sometimes the choice must be made repeatedly, as each

of us is constantly confronted with new ethical crises. At Sinai it was true that *asher baḥar banu,* He chose us. But when we study Torah and recite the blessing, and we preface our remarks with "*Barukh Ata Hashem,* Blessed are You, O Lord," then we have chosen Him as well. When, every morning, we recite the blessing that God chooses His people Israel in love, we speak of God choosing us, in accordance with the first tradition. But immediately thereafter we proclaim *Shema Yisrael,* and this profession of unity is our choice of God. When we say *uvanu vaḥarta,* we speak of God seeking us out and placing Torah upon us; but then when Moses tells us *uvaḥarta baḥayyim,* and thou shall choose life, he is telling us to choose the Source of all life – God Himself.

Now, chosenness has both obligations and privileges, difficulties and joys. The negative features – the responsibilities and the agonies – derive from God's choice of us; the positive aspects – the sense of privilege and the delight – come from our choice of Him.

Every Jew is chosen; at birth he inherits all the agonies of bearing God's word to an unrepentant and unredeemed world. When he is but eight days old, the Jewish boy suffers the anguish of cold steel cutting into his flesh, his blood is spilled, and he cries out a shriek of pain. He has been chosen as a Jew. But when thereafter, if he has the privilege of the proper kind of parents who know how to train him, he learns to organize his life according to the pattern of sanctity, and he is able to recite a blessing and to put on his *tefillin* at his bar mitzva, then he experiences joy and delight: he has chosen God. For the Jew who is only chosen, Jewishness is a fate; for the Jew who also chooses, it is a fortune.

An English Jew, Sir Isaiah Berlin, in a whimsical moment maintained that Jewishness for Jews is like a hunchback. Some Jews *are* ashamed to be disfigured by it, and they try to have as few contacts with the rest of the world as possible; they try to hide their deformity. Others act as if they were not disfigured and hope thereby that no one else will recognize it. Still others become nationalists, and convince themselves that their deformity is a beauty mark.

In a way, what he says is a partial truth. But these three categories are only subdivisions of one of two major classes. They only describe Jews for whom the Jewishness is an inescapable faith, something forced upon them against their will, something into which they were born without being asked. For them, indeed, Jewishness is a deformity and a burden. But there is a class of people who have gone far beyond this. They are not only born as Jews, but they bear their Jewishness with pride. They are not only the chosen, they are also the choosing. Mt. Sinai has not crushed them; it has elevated them aloft. Torah and Jewishness is not a deformity they want to ignore or hide or talk themselves out of, but it is the *keter shel Torah*, a crown, a diadem, a mark of eternal dignity and distinction.

This, then, is the answer to our question. All Jews are chosen, but it is only the choosing Jews who have freely committed themselves to Torah who carry out the full mission of Israel. They bear the brunt of the difficulties of Jewishness, but they are also heirs to its glory. The many who are merely chosen are the passive and the pitiful. The few who choose are the ones who will redeem their chosen brethren, and with them all of mankind.

At a time of Yizkor, when we remember parents and grandparents and through them the link of every generation

with the one that preceded it, all the way up the chain of time, we must consider what we have said today. If our link to the past is merely biological, simply a matter of heredity, then we are merely chosen Jews. But that is far from sufficient. If we want to make our lives marvelous instead of miserable, glorious instead of agonizing, we must now rise and affirm Torah, choose God, decide for the life of sacredness and beauty.

For all Jews, no matter what their conduct or commitment, Shavuot is the *zeman matan Toratenu,* the season in which God has given the Torah – whether we like it or not. Now we must rise to the greater glory of *kabbalat haTorah,* of accepting the Torah. Now we are called upon to be not only chosen Jews but choosing Jews.

The Quiet after the Storm

People often speak of "the quiet before the storm." Here, I want to speak about the quiet *after* the storm. If the quiet before the storm is the quiet of tension, of bristling and nervous anticipation, then the quiet after the storm is that of patient waiting, of deep contemplation, of humble wisdom – the background and provenance of great creativity.

The biblical description of the giving of Torah is one of theophany, the appearance of God amidst a great deal of noise and tumult. "There was thunder and lightning and a thick cloud upon the mount, and the voice of a shofar exceedingly loud, and all the people that were in the camp trembled" (Ex. 19:16).

But the Rabbis (Exodus Rabba 29:9) declare that all this dramatic eruption preceded the giving of the Torah. The actual Revelation took place in an awesome cosmic silence: "Rabbi Yoḥanan said: 'When the Holy One gave the Torah, no bird

chirped, no winged thing flew, no ox bellowed, the angels did not soar, the seraphim did not say "Holy, Holy, Holy," the sea did not quiver, people did not speak; but the whole world kept quiet and was silent, and the voice came forth: I am the Lord your God…'" (Ex. 20:2; Deut. 5:6).

Out of a universal stillness, in which even the angels were struck dumb for awe, came that first commandment, "I am the Lord your God." That too was not a summons to action, but the kind of knowledge that is beyond action and that makes action meaningful. What the Rabbis meant to teach us was that activity and motion and work and performance are all important, but only as a preface and introduction to true creativity. Greatness itself is born out of the womb of stillness. The Torah was given when the world was silent. The word of God comes forth when the words of man come to an end.

This teaching – that after all activity must come passivity – is an acknowledgement that God gave man the commission to be His co-creator; but that ultimately He is the Creator and the Lord, and nothing we do can prosper without Him. After all is said and done, we must silently wait for God. It is the silence that is a symbol and a token of faith.

Let us freely admit that there is something faintly un-American about this doctrine. We Americans are pragmatists, doers, proud of our "know-how." It is an unofficial dogma of Americanism that action is redemptive, that if in doubt – do something. This is true more so now than ever before; even professors and faculties have turned activists, impatient with the slow and silent processes of the mind. This is the special quality that Americans have always brought to their affairs, from education of children to diplomacy to social problems: do

something – and do it hard and intensely. If American parents see a young child just staring into space, they become panicky, unable to appreciate that giving free rein to the imagination is healthy and a part of growing up. And our presidents have turned from commercial to pragmatic metaphors. No longer do they speak of "Deals" (such as the New Deal and the Fair Deal), but of Crusades and Frontiers and Great Societies which feature Wars on Poverty.

When activity in structured pattern is unavailable, we tend to collapse. Modern society is thus afflicted by the "Sunday Syndrome" in which millions are distracted to madness because there is one day in which there is "nothing to do." Those of us who are compulsive workers know, theoretically, that sometimes it is important to relax physically and simply to think. Yet when we finally find the precious moments to do just that, we find it an almost impossible task! In a spasm of guilt – because we are not active, because we are not "doing something" – we pace back and forth, we take notes, we dictate memos, and in a final act of desperation we take to the telephone, that mechanized narcotic for the compulsive activist, whose Torah is the noise and not the silence, the storm and not the quiet. This actionism affects our work habits, our leisure patterns, our health practices, and our whole outlook upon life. It is probably responsible in part for the exaggerated American emphasis on youthfulness, the entire "youth cult" – the first fruits of which we are harvesting today. For if action is the criterion of well-being, then younger people are more active, and they should be more honored.

This bias even affects the judgments we make of people, sometimes almost ridiculously inappropriate. Some people consider the highest encomium that can be paid to a Rabbi

the compliment that "he is dynamic!" – as if the wisdom of the Torah is confined to go-getters, as if the Jewish tradition is enhanced by the whirl of ceaseless activity rather than by quiet understanding, patient learning, and subdued wisdom. Of course, I do not mean to suggest a doctrine of total passivity, which is known in the history of religion as "quietism." Certainly, Judaism, more than other religions, emphasizes the importance of the religious act.

But while there can be nothing of value achieved without human effort, human effort alone is not everything. Man must act. But human action and initiative alone is inadequate, and so he must wait for a moment and listen for an echo from above. After all the mitzvot, at the pinnacle of religious experience comes sacred silence. We pray and we pray aloud; but the chief prayer, the *Amida*, is a silent prayer. As the great Jewish ethical philosopher Rabbeinu Baḥya put it, the duties of the limbs must make way for the duties of the heart. The Bratzlaver Hasidim used to recommend that every person set aside, once a day, a "dead hour." During that hour we should be "dead to the world," unavailable for business or social obligations or family duties or small talk. It must be an hour – or even a half an hour, or even a quarter of an hour – which we devote to silent introspection, to quite probing, to contemplation in utter stillness. Such a dead hour makes the whole day worth living! Of course, I do not mean to recommend watching TV for half an hour a day or playing cards. That is too "dead" an hour, a waste of time. I refer to the silence and privacy in which we confront ourselves and open up to God.

As we approach Yizkor, let us appreciate that message ever more. No feverish activity can change the past. No intense

motions can show our love and our longing and our residual pain. We just utter a few words, and in the silent privacy of our own hearts we offer a prayer and reunite in stillness with our cherished memories.

This wordless rendezvous with the past, with our roots, with our parents and our loved ones, can only enlarge and refine us – and teach us the lesson of faith, the silence out of which the Torah was given and in which it must be received. In the opening words of the *haftara*: "The Lord is in His Holy Temple; keep silent before Him all the earth" (Hab. 2:20).

A Kind Word for the Living

We are gathered here for Yizkor. The words that we shall recite are rather simple words in which we ask God to remember the souls of dearly beloved relatives. Accompanying these words, there will take place in our hearts and minds a review of those we love – and though we shall remember the ambivalences and perhaps even the resentments, we shall focus on the love and the longing and the honor. Perhaps now, then, is a time we should make this transition, and after reciting our tribute to the dead, prepare for kind words for the living. When we leave this synagogue, let us resolve to offer a smile, a compliment, a word of encouragement, even a word of praise for someone who deserves it.

The need for praise is almost universal. Very few people are so secure, so saintly, that they can get along without any approbation at all. A kind word, if merited, is a feedback that

makes a man feel and know that he is on the right track. Even if a person is fishing for a compliment, if his bait is virtuous or beneficial or constructive in any way – bite at it! Give him the compliment he seeks!

In that beautiful and charming short book we read on Shavuot, the Book of Ruth, we learn how Ruth, a Moabite woman who was widowed early in life, follows her mother-in-law, Naomi, to the Land of Israel, abandoning her own family out of loyalty to this woman. She is reduced to abject poverty and has to follow other beggars in gathering the gleanings from the field of the wealthy Boaz. When Boaz learns that she is gathering the remnants of his field, he instructs his foremen to allow this young stranger to stay in his field and not to bother going elsewhere. When Ruth, in her genuine humility, thanks him for it, Boaz goes off into what is an uncharacteristically long speech of tribute to her. It is so different in its length, so unlike the usual biblical economy of words, its parsimony of verbiage.

And Boaz answers and says to her, "It has fully been told to me all that you have done unto your mother-in-law since the death of your husband; and how you have left your father and your mother and the land of your nativity, and have come unto a people that you did not know heretofore. May the Lord recompense your work, and may your reward be complete from the Lord, the God of Israel, under whose wings you have come to take refuge" (Ruth 2:11–12).

This is the generosity of a Boaz, who appreciates the value of a kind word for the living. He will not allow Ruth's loyalty to go unacknowledged. Unfortunately, not everyone is so benevolently disposed. I know husbands and wives who, even if they mean well toward each other, find themselves

unable to offer a sincere compliment. Brothers and sisters are often incapable of saying a kind, warm word to each other. I have had men in their mature years who, in my study, would break down crying and say of a father or mother that he or she "never had a good word to say to me all my life!" How often, unfortunately, we find employers who are reluctant to offer a compliment to their employees, or colleagues who cannot offer a decent word of praise.

Why is that so? Perhaps the answer is envy, or perhaps some people are so insecure that they feel threatened by a competing ego that praise may strengthen. Sometimes people have just not been trained or habituated to expressing admiration. But this is not the way of a Boaz. Of course this theme is not without its problems. Praise can be extravagant, and therefore hypocritical and phony. Overdo praise and it becomes meaningless. "Praise," said Dr. Samuel Johnson, "like gold and diamonds, owes its value to its scarcity." By the same token, Dr. Johnson tells us, "He who praises everybody, praises nobody."

Often, praise degenerates into simple flattery, and is thereby false and merely manipulative. Thus the Rabbis were weary of official eulogizers, and they said: "Just as the dead will have to stand in judgment before the Divine Judge, so those who eulogize them will have to answer for their extravagancies" (Berakhot 62a).

A compliment, to be effective, must be well chosen. It must fit the person and the place and the time. It must speak to his soul and his heart, to his fears and anxieties and insecurities. Perhaps because of the danger of overstatement and misstatement, our tradition warned against excess in this regard: one must not express, in front of a person, more than *miktzat shivḥo,*

a portion of the praise due to him. Too much praise, too full a compliment, can become fulsome; it can become repulsive and abhorrent. And the *miktzat shivḥo,* the partial praise itself, has to be the right *miktzat,* appropriate and fitting.

What is the value of proper praise? What does a kind word for the living accomplish? My distinguished and revered teacher, Rabbi Joseph B. Soloveitchik, once introduced the great contemporary sage, Rabbi Moshe Feinstein, and referred to the dictum we have just mentioned, that we are to mention no more than part of the praise in the presence of a man whom we so honor. Rabbi Soloveitchik says of this statement that it is not only a *heter,* a dispensation permitting us to praise and therefore risk the possibility of *ḥanifa,* flattery; it is also a *ḥiyuv,* an obligation. People of accomplishment are often lonely, they are frequently tortured by self-doubt and deeply disheartened. Hence, we are to offer at least some praise as a form of encouragement; we must strengthen the spirit of those who are creative and those who achieve and those who do something for others. Just praise is a debt that the rest of us must pay to one who has earned it.

The second element of praise, after encouragement, is that a compliment, if at all possible, should be creative. It should open doors for the one who is praised, expand his horizons, point up to new possibilities. The Aramaic translator of Boaz's speech mentioned above tells us of an interesting halakhic debate that took place in that generation. As we know, the Torah forbids us to accept Ammonites and Moabites as proselytes. Some leading Jews of that day insisted that this prohibition covers all Ammonites and Moabites, men and women. But others maintained that the prohibition is limited

exclusively to males, and that female members of these nations may become converted to Judaism and be fully accepted. Ruth, you will recall, was a Moabite, and therefore when she followed her mother-in-law, there was a great danger that she would forever remain a stranger and not be accepted into the Jewish fold. When Boaz told her, "May the Lord recompense your work, and may your reward be complete from the Lord the God of Israel" (Ruth 2:12), what he was really saying was that my court (Boaz was a leader of the Sanhedrin) has decided that female Moabites are fully acceptable as converts to Judaism! No wonder that Ruth's response was, "You have comforted me." The kind of praise Boaz offered Ruth was more than mere *words,* it was a new *world*. He opened up for her infinite possibilities, which she exploited, as she ultimately became the ancestor of King David and the Messiah-to-come.

Not every compliment can conclude in such an enormous climax; but an authentic encomium should always hint at new actions, new goals, new directions. Conversely, true praise should never mislead. For praise wrongly articulated can be devastating. If undeserved, it can lead to a swelled head instead of an enlarged heart. If there are wrong emphases, the praise can mislead a person to a wrong assessment of his own talents, and thereby to a mistaken course of action. If you overpraise a young man's painting, you may be responsible for taking what could have been a successful accountant or prosperous physician and making of him a merely mediocre artist. I wonder how many people have wasted precious years in futile pursuits because they were encouraged by misplaced although well-intentioned praise! The use of praise is therefore a key tool in pedagogy, and its misuse can well be tragic.

Permit me to recall for you an incident where two well-chosen words proved to be the proper praise for directing a person into greatness. The Talmud (Bava Metzia 84b) tells the story of the greatest of all Palestinian *Amoraim*, the great R. Yoḥanan, who flourished during the third century of this era in Palestine. R. Yoḥanan, who was a very fair-skinned man, was bathing in a pool. The area was then terrorized by a gang of robbers, headed by a legendary thief called Shimon bar Lakisha. It so happened that this Bar Lakisha noticed the bather from afar, and thought it was a woman, whereupon he jumped with superhuman power, and in one leap landed beside R. Yoḥanan. Each one was amazed at the encounter. R. Yoḥanan turned to him and said the following two words: *Ḥeilkha le'oraita,* "Such strength should be used for Torah!"

He unabashedly complimented Bar Lakisha on his enormous power. But he added one word, and that was his advice that this power be redirected to a more sublime goal: such power for the use of Torah!

The rest of the story is well known. Bar Lakisha decided to take up R. Yoḥanan's challenge. He studied under him, married his sister, and eventually rose to be his equal or almost equal. In hundreds upon hundreds of passages throughout both the Babylonian and Palestinian Talmuds, we find the two of them linked forever as controversialists on basic issues of halakha. A well-chosen praise had its desired effect. *Ḥeilkha le'oraita* – perhaps this is the origin and source of the well-known Hebrew greeting *Yasher koaḥ,* "May your strength be straight."

The third element of praise is that *miktzat shivḥo,* the proper compliment, does as much or more for the donor of the

praise as for the recipient. Proof of this is prayer. So much of prayer consists of *shevaḥ*, praise, for Almighty God. This idea of praise for God has often posed a philosophical problem, both for the Rabbis of the Talmud and philosophers such as Maimonides, who were troubled because they thought that any praise of God automatically implies limitation of His infinite virtues.

But there is a more fundamental question: Does God need praise? Is He fishing for compliments? Does He need our reassurance? Of course He does not! God does not need our compliments. But we do!

When you praise God, you are in effect declaring that He, not you, is the center of the universe. You are stating your own dependency, your creatureliness, your mortality, your genuine humility.

Similarly, when you praise your fellow man, that praise bequeaths to you added sensitivity, a lesson in generosity and magnanimity, a sense of shared humanity. It helps rid you of the illusion of your total autonomy and absolute independence from others. It moves you away from self-centeredness and punctures the myth of omnipotence.

Proper praise, therefore, serves as an encouragement for one who deserves it; at its best, it is creative; and it benefits the one who gives it. A kind word for the living augments the sense of human loving. Praise, if deserved, makes a person like himself just a little bit better. Is this not too a fulfillment of "You shall love you neighbor as yourself" (Lev. 19:18)? Does that verse not imply, too, that you should help your neighbor like himself a bit better?

And who should know these teachings about praise better than we Jews, on the festival of the giving of the Torah. For

what is *matan Torah,* the giving of the Torah, if not the greatest compliment that the Deity ever paid to any people? God chose us from among all peoples – what a compliment! – by giving us the Torah.

Such a divine compliment deserves our thanks: Blessed are You, our Lord, who gives the Torah.